民国经典国文课

时代卷 自由信念

管贤强 郑国民 主编

商务印书馆
The Commercial Press
2016年·北京

主　编　管贤强　郑国民

副主编　沈　谦　尹　芳　张　媛

编　者　胡玉娟　李　玲　冯春莉　曾绣青
　　　　　　王　岩　王　涛　魏　巍　王源泉

总序

走进民国中学语文

管贤强　郑国民

走进民国国文教科书，触碰那一篇篇课文，我们意识到课文背后承载着的是今天我们熟悉而又陌生的文化。孩子们阅读语文课文，不断体验、领悟这些饱含文化的素材，并将它们转化为自己的精神养料，在完成个人语言习得的同时，也实现了国家的文化传承。因为从读的人数之多、时间之久来说，没有任何一种书可以与语文教科书相提并论。作为基础教育的核心课程，语文对于一个民族或国家文化的传承与发展至关重要。因此，民国中学语文课文，对于现今的文化和教育研究也具有重要的参考价值。

在国际化日益加剧的现代社会，在开放的、多元的文化格局之中，青少年如何体会中华文化的博大精深，树立民族自尊心和自豪感，同时又能够尊重世界各国、各民族的多种多样的文化，并借鉴、吸收这些文化的精华，从而实现自身的创造性发展，这是目前中国人才培养所面临的艰巨挑战。通过对20世纪前期语文教材中的文化的研究，可以为解决当前面临的问题提供借鉴和参考。

基于以上的思考，我们携手包括香港、台湾地区专家在内的多位语文教育研究者，申报了国家社科基金重点项目《20世纪中国文学教育的历史回顾与现实意义研究》（编号：11AZD067）。课题组对一百多套清末及民国时期的中学国文教科书进行了分类整理，并初步建成了《百年教科书选文数据库》。我们在整理这些教科书时，对清末民国时期的经典选文运用计算机软件进行了统计，并对比当前正在使用的各个版本《语文》教科书，发现有些文质兼美的作品虽然在民国中学教科书中备受青睐，但却没有进入当今的教科书。我们发现一些曾经的选文渐渐被人们所遗忘，今天的孩子们记住了都德的《最后一课》，文中的"法兰西万岁"犹在他们耳畔响起，却遗忘了都德同样刻画普法战争的小说《掌旗官》《柏林之围》《那一局台球》和《二渔夫》；我们也发现一些作家在被我们忽略甚至淡忘，今天的孩子们当然熟知疾恶如仇的鲁迅，也可能沉醉于性格温润的胡适，或倾心个性闲适素淡的周作人，当然留在我们记忆中的个性鲜明的民国学人还有很多，但是徐蔚南、俞平伯、莎菲女士陈衡哲、爱罗先珂等名字听起来却让人感到陌生；甚至同一个作家，今天孩子们读的选文和他们的爷爷奶奶、姥姥姥爷辈读的选文有的也差异巨大。以鲁迅为例，今天孩子们还在读着鲁迅的《故乡》《记念刘和珍君》，可是在民国时期孩子们读的最多的是小说《鸭的喜剧》、散文《秋夜》及其议论文《聪明人和傻子和奴才》。

这些优秀的选文,不应被遗忘。出于这些考虑,我们想为我们的孩子编选这一套丛书。我们相信,孩子们阅读这些经典选文,可以跨越语境、跨越时空去思考,进而突破自己个人化的经验世界的限制;我们也相信,阅读这些经典文学选文,是为了获得文学享受的经验。文学享受经验是指每个阅读主体有意识地与具有美感对象的文本发生情感交流,并透过自身情感的投入获得完满自足的愉悦感受,进而给自己开启一个更加开放、弹性的思考空间。在这个空间中,阅读主体可以凭借想象力恣意驰骋,不断尝试,反省自我,达到超越。

一 丛书的编选理念与特色

本套丛书由民国国文教科书研究者、一线教师、中学生共同参与编写,与同类民国教科书相比,呈现出以下三个显著特色:

其一,重温民国国文教科书中"独特的"经典选文。

现代中国的经典选文,留存了现代中国语言文字的嬗变轨迹,同时也承担着构筑现代中国人文化的使命。学生能够重温这些经典文本,就像阅读一本好书,可以改变人的一生。选择经典文本,编者并非依靠主观感性的判断,而是以数据库中选文入选次数这一客观标准作为评价经典的依据。在此基础上,选入这套丛书的文本具有其"独特性",大多为当前语文教科书所忽略、却在民国国文教科书中反复入选。很多材料首次与中学生、老师们见面，不仅可以唤起我们对百年国文教育的虔敬之心，还可以帮助我们透过文字去追寻现代以来源源不断的人文脉息。

其二，倡导人文主题的阅读内容。

丛书的每一卷都围绕一个主题，编者在整体阅读经典选文的基础上，确定了"成长""人生""时代"三个人文主题，凸显选文的"民国味"。我们选择"成长"为主题，是因为民国时期的学生成长已经不再是家塾、私塾间狭小的人际交往，而是在新学堂中同学之间的互动、师生之间的交流、个人与社会之间的碰撞；确定"人生"这一主题，是因为民国时期选文的育人观念、审美观念发生了改变，不再是传统的文章学而是现代意义上的纯文学，不再是传统的文言文而是现代的白话语体，也不再是传统的忠君思想而是现代的人本观念；关注"时代"这一主题，是因为在风起云涌的时代潮流中，学生与社会现实生活、时局变化有着天然的血肉联系。

"成长""人生""时代"这些富有民国特色的人文主题为本套丛书构建了浓郁的"民国味"。与此同时，我们相信丛书的"民国味"的实现最终有赖于学生们的阅读。在阅读中，学生们会感受民国学者作品中的"民国味"，这些学者从自身所处的时代情境出发，或描述自己的所见所闻，或感怀其切身体验，最后写就了这些佳作；感受作品的"民国味"，还需要把我们当今时代的境遇与之进行对话，当下的"民国味"应该是现代人对民国的想象，在想象中折射出当下人的生存境遇和文化心态。

其三，注重与民国经典文本的现代对话。

当民国经典选文穿越时代与我们的学生相遇，阅读优秀文学作品的过程，也是学生与经典文本展开对话的过程。文本是文字符号物质化的、静态的客观存在，同时也是主体性的存在，它从多种层次和角度持续地发出召唤和邀请，期待着阅读主体的应答和追问。

为消除孩子们与民国文本对话时的时代隔阂，我们在每篇选文前设置了"作者·导读"这一栏目，或介绍作者的生平，或交代写作背景，或呈现相关的点评。

我们认为同龄人的阅读最能够贴近学生们的真实阅读状态，所以我们在每篇选文后又增设了"悦读·品悟"这一栏目，内容主要是一群中学生阅读这些文本后的读后感，这样可以进一步启发学生进行思考，使孩子们与这些民国经典文本进行更深入的现代对话，相信拿到这套丛书的孩子们会与之产生交流、碰撞，得到激励、启发。

二　丛书的编排设计及选文的标准

在编选理念的引领下，本丛书共编选三卷，第一卷为"成长卷：岁月履痕"，第二卷为"人生卷：爱流汐涨"，第三卷为"时代卷：自由信念"，分别关注"成长""人生""时代"三大领域。

在每一领域中，我们又设置了六个小专题。以"成长"这个领域为例，我们分设了"感恩至情""聒碎乡心""与往来者""生之杂味""为学者谈""师恩旧忆"六个小专题，以便于孩子们从多个方位和视角去阐释并加深对大领域的认识和理解。深入到每个小专题内,我们编选若干篇文章。每篇文章都介绍了编选来源,并设置了"作者·导读""悦读·品悟"两个栏目。栏目的主要内容在编选理念部分已有较详细的介绍。

丛书的选文,除了选文的经典性外,我们还关注了如下方面:

理解真实的人生。真实,不一定是局限在真实世界中的具体事务,而是学生参与的阅读活动,可以和孩子们遇到同样事情时的认知产生挑战和碰撞。以"家庭"这个话题为例,选文当然要向读者呈现和谐美满的家庭及慈爱谦和的人性,力求能让读者获得美的感受和精神上的教益。但是,选文也应该让孩子们思考一些与之不同的家庭,可能是家庭中的争端、家庭中的冷漠,获得这些家庭认知对于孩子们的成长也至关重要。丛书选文尤其重视语言的情致,让读者在阅读中体味作者把无限丰富的内容熔铸在尽可能少的语句之中,感受准确、鲜明、生动的表达技巧。

注重快乐的阅读。"兴趣是最好的老师",学生的阅读兴趣浓厚,阅读积极性就高;阅读时全身心投入,思维就活跃,阅读效果就好。丛书尽量把丰富多彩、形式多样的作品展现在读者面前,以扩大其阅读面、增加其阅读量、提高其阅读品位。书中还有同龄人的感悟与写作,吸引青少年读者主动参与到阅读活动当中来,让他们自己成为阅读的主角,而不是被动地做观众;同时,创造展示与交流的机会,营造人人爱读书的良好氛围。在快乐中阅读,让孩子们不知不觉提高自己的阅读能力。

追求丰富的主题。事物存在多元性、多层次性;而事物的多元性、多层次性必然导致思维的多元性、多层次性。本丛书分三卷，即为三大领域，每个领域下有六个小专题，每个小专题下都有若干篇选文，每篇选文都从不同的角度来反映该主题。选文中外兼顾，体裁也力求丰富，涉及散文、小说、诗歌等，以便于学生学习与熟练运用叙述、描写、说明、议论、抒情等基本的表达方式。

需要注意的是，民国语体文和今天的语言存在一定的差异，部分教科书选文出于当时教学的需要已做了大量的改写。为了让今天的学生了解、感受当时语言文字的特点，我们一一核查了原书，尽量原汁原味地呈现选文的样貌；同时也为了便于学生阅读，我们对个别文字进行了修改，对少量当时被改写的篇章进行了补充，并加注了说明。

三 丛书的使用

孩子的阅读能力并不是天生就有的，需要家庭、学校、社会的帮助和指导。在丛书具体的使用中，我们也建议可以借助丛书进行自主阅读、专题教学、亲子阅读。

自主阅读，是希望学生能够主动阅读，主动学习，他们可以借助自己的元认知，在阅读的尝试中掌握阅读策略，并获得对不同文本丰富的情感体验。有研究表明：对于正在接受教育的青少年学生来说，将那些课外阅读广泛的学生，与除了教科书以外不读任何书的学生进行比较时，会发现他们在学识、能力、精神趣味，甚至是灵气、悟性等方面差别甚大。阅读能力高的孩子对词汇和知识的积累会越来越快，形成良性循环；相反，阅读能力低的孩子,对词汇、知识的积累则越来越慢,形成恶性循环,那么就会"贫者越贫,富者越富"。这也许就是阅读中的"马太效应"。

就语文专题教学资源而言,"专题教学"是中学语文阅读教学中的一种新的教学类型。从课文内容看,可以整合相同体裁的作品、相同作家的作品,也可以是不同时期的作品、相同时代不同作家的作品。整合的目的,是为了让学生好奇进而去探究,他们可以"同中求异",发现不同文本的个性特色,也可以"异中求同",把握文本间的共性规律。在现行语文教科书内部若找不到最佳的整合篇目,可以适当扩充文本,引入课本之外的内容,形成比较。丛书的选文是从民国中学教科书中择取而来,是专题教学所需的优质课程资源。

阅读,学校教育固然不可缺少,但是家庭教育也不可或缺。据全球阅读测试的家庭阅读活动的数据分析来看,英格兰、新西兰的家长热衷于参加孩子的家庭阅读活动,我们也提倡家庭里的亲子阅读。亲子阅读,又称"亲子共读",是指在家庭中父母与孩子一起阅读。丛书中的选文可能都是爷爷奶奶辈熟悉的课文,可能父母亲也在年幼时听家人讲述过,选择这样的丛书作为父母和孩子的共同读物,通过共读丛书,能为孩子创造与父母、爷爷奶奶辈沟通的机会,分享读书的感动和乐趣,从而增进孩子与父母、祖孙之间的情感交流。

带着这些美好的愿望,让我们走进民国时期的经典选文吧!

目　录

序　追寻逝去年代的精神气质…………………张媛　1

一　追逐的梦
想飞…………………………………………徐志摩　3
蕙的风………………………………………汪静之　10
猫的天堂…………………[法]左拉著　刘半农译　13
鸷鹰与芙蓉雀……………[英]赫孙著　徐志摩译　22
一个人的生活………………………………梁漱溟　28
西风…………………………………………陈衡哲　34

二　如此生者
蚕儿和蚂蚁…………………………………叶圣陶　47
运河与扬子江………………………………陈衡哲　55
伯豪之死……………………………………丰子恺　59
与佩弦………………………………………叶绍钧　71

理想的故乡 …………………………………… 孙俍工　74

三　我是少年

我是少年 …………………………………… 郑振铎　81
《新青年》宣言 ……………………………… 陈独秀　84
"知不可而为"主义与"为而不有"主义 ……… 梁启超　88
论思想自由 …………………………………… 周建人　101
立志做大事不要做大官 …………………… 孙文　106
春天与其力量 ……………[俄]爱罗先珂著　周作人译　119
谈动 …………………………………………… 朱光潜　126

四　生活之网

窗子以外 ……………………………………… 林徽因　133
笑的历史 ……………………………………… 朱自清　143
社戏 …………………………………………… 石评梅　156
卖汽水的人 …………………………………… 周作人　160
渔家 …………………………………………… 杨振声　165
幸福的家庭 …………………………………… 鲁迅　170
绣枕 …………………………………………… 凌叔华　180
杀父母的儿子 …………………[法]莫泊桑著　胡适译　186
洛绮思的问题 ………………………………… 陈衡哲　195
鸽儿的通信 …………………………………… 苏梅　213
菊子 …………………………………………… 陈西滢　217

五 十字街头

谈十字街头 ……………………………… 朱光潜 225

偶像破坏论 ……………………………… 陈独秀 231

差不多先生传 …………………………… 胡适 235

阿兰的母亲 ……………………………… 杨振声 239

最苦与最乐 ……………………………… 梁启超 244

缺陷论 …………………………………… 李石岑 248

立秋之夜 ………………………………… 郁达夫 255

六 风雨如磐

二渔夫 ………………………… [法]莫泊桑著 胡适译 261

他来了么 ……………………… [保]跋佐夫著 沈雁冰译 270

五月卅一日急雨中 ……………………… 叶圣陶 280

街血洗去后 ……………………………… 郑振铎 285

执政府大屠杀记 ………………………… 朱自清 289

序

追寻逝去年代的精神气质

张媛

当代学生们身居现代化的都市,亲历着或感受着现代人某种精神荒芜之痛。可是,面对心灵的异化,汉娜·阿伦特却说:"我穿过漫漫长夜,走在回家的路上。"回家就是要重新寻找属于自己的精神家园,可是当我们启程时却不禁充满困惑:精神的家园究竟在哪里?也许直到今天我们对于这个问题仍然没有答案,但正因有了困惑,我们才会去追寻精神家园。于是我们发现:一些过往的故事像时代缩影,记录某年某月某时的欢声笑语,真实深远;一些昔日的文字好似钟鼓般响彻心灵原野,那声音由远及近,厚重悠长;一些精神气质如不落的恒星,在逝去的年代里闪耀着永久的光芒,璀璨神秘……阅读作品,熟悉以往的文字下的故事人物所饱含的时代精神气质,在与作者心领神会的交流中,我们开始切实触摸自我生存的依据,探寻生命存在的价值与意义。

聚焦民国老课本"时代卷",我们总是不经意就看到了"五四""五四文学",毕竟"五四文学"已经成为中国知识分子的一个精神情结,它提供着丰富的精神资源,成为人们无法质疑的存在。回顾"五四",我们会看到那一代知识分子的精神风貌和坎坷人生。他们时而默尔而息,时而仰首伸眉,时而振笔疾书。回顾"五四",我们会不由自主地回溯历史去思索:新文化运动是如何发生的?什么样的力量能给人们的思想世界带来如此巨大的冲荡?回顾"五四",我们会重新感受"自由""平等""爱国"的精神内涵。曾经的学者文人对自由主义的理想,保持着深深的眷恋;他们穿越人性的悲悯和伤感,唤醒每个个体对人性的反思,唤醒整个社会对文明的"历史反思";他们礼赞生命强力,自主表达着生命的美好与尊严。回顾"五四",更是为了严肃地思考当下,"自由""平等""热情""昂扬"等精神气质如一双双有力的羽翼带我们飞翔,引导我们在现代文明的理性社会,深思该关注的问题和矛盾。

在阅读此册书时,你需要开敞从容的心境,需要对历史抱有敬意。沉潜涵泳,反复咀嚼,在阅读中不断寻找个体生命与作品的契合点,或许因一句话生感触,或者为一个场景感伤,或许被一种情愫萦绕,或者是为一种思想撼动,或者就是仅仅喜欢那些文字的流韵……你的阅读背景在不断丰富,你的知识库存在不断更新,你会收获获得"新知"的愉悦,会如卡尔维诺所说,"感到它们远比传闻中所想象的更新鲜、更出乎预料、更不可思议"。

也许有些篇目初读未必读懂，但请你相信"经典"需要重读，也值得重读，每次重读都是发现之旅，语言形式"背后"那些"文学意境的探索""生命情态的思考"和"文化深度的积累"会让你审美自失。

第三卷全书以"时代"为领域，共分六个专题，分别为"追逐的梦""如此生者""我是少年""生活之网""十字街头""风雨如磐"。从确定领域到每个专题的设置我们都费尽了心思，思考日益深入，编选的思路也越来越清晰，目的是伴随你们在时代风云中感受"自由"价值的宝贵。

了解了我们的编选思路，学生们还可以随着我们的指引大致了解第三卷精彩的内容。"追逐的梦""如此生者""我是少年"就是要带我们的学生去了解民国的价值理想，去回顾"五四"时代精神的总体气质。于是我们看到了"德先生"和"赛先生"口号下的社会不断激荡，也看到了文字中流传着的"国民性"思考与"立人"思想，更会看到文字中的人物对婚姻自由、爱情自由、人格独立的不懈追求。"追逐的梦"中，自由便是盘旋心空的梦想，它超脱一切，笼盖一切，扫荡一切，吞吐一切。自由如此宝贵，我们看到，蕙花渴望着窗外；臃肿猫的心里也渴望自由，当他离开温适的生活，才发现自由需要付出安逸生活的代价；甚至禽鸟也不甘平庸，渴望翱翔。"如此生者"就是要思索：我们究竟该选择哪一种生活范式？我们会看到蚕和蚂蚁充分利用好每一分秒，愉快地完成工作；我们也看到江与河，精神振奋气脉昂扬。如此生者，才是真正的造命者，传递人生的正能量。其实自由也与少年不远，少年更是"青春"中国的建设者。"我是少年"寄望少年们充满活力希望，面对迷茫要去战胜，心怀志向务求高远，懒惰务必除去，自由不可放弃，知其不可为却为了信仰而为。

同时，必须在严峻的社会现实中才能真正了解民国的价值理想，践行自由。"生活之网"告诉人们真实的生活不会总是天空蓝、花儿香，每个人都无法逃避生活里琐碎繁杂的部分，"网"就是对生活繁杂的生动描绘。"十字街头"展示了自由所需要面对的一些障碍，或是人们对偶像的崇拜，或是"凡事都差不多"这样丑陋的国民性，或是政治运动的残酷，如"三·一八"惨案。在精神心魂的塑造上，我们唯有选择自由与现实，价值与当下的合一，让宇宙间实在的真理和每人"心坎儿里彻底的信仰"融通。"风雨如磐"让读者从历史血腥的一面里，思考人本。这几个领域展现的是生活的艰难、思想的陈腐、底层人的不易、国民性的丑恶、政治运动的悲剧、世界大战的残酷，可是正是这样的时代生活，让人们不禁探寻：什么可以成为我们深至骨髓的信仰？基于启蒙之后的抗争又给人的命运带来什么改变？自由、民主在社会上具体的反映是什么？

需要说明的是，在编排第三卷的时候，我们深知你们阅读过程中文本的历史情境和作为学生的你们当下体验之间的隔膜，为此我们将这些文本先与一些初中学生阅读和分享，并指导学生记录下阅读最初的感受，这些同龄人用自己少年时代的思索与感悟为民国选文添加灵动的注脚，相信会让文本之前的你感到亲切,获得许多启发。

  总而言之,第三卷就是要紧扣人们对于价值的坚守,力求更为全面地呈现民国学人价值理想与社会现实的矛盾冲突。这六个单元的选文引我们在民国的文字中徜徉,感受民国故事的温热有力,探寻逝去时代的精神气质,润泽灵魂,等候自由、光明的日子放出曙光……

一

追逐的梦

想 飞[*]

徐志摩

作者·导读

徐志摩(1897—1931),原名章垿,字槱森,留学英国时改字志摩,浙江海宁人。"新月派"诗人、散文家。代表作品有《再别康桥》《翡冷翠的一夜》等。

假如这时候窗子外有雪——街上,城墙上,屋脊上,都是雪,胡同口一家屋檐下偎着一个戴黑兜帽的巡警,半拢着睡眼,看棉团似的雪花在半空中跳着玩……假如这夜是一个深极了的夜,不是壁上挂钟的时针指示给我们看的深夜,这深就比是一个山洞的深,一个往下钻螺旋形的山洞的深……

假如我能有这样一个深夜,它那无底的阴森捻起我遍体的

---

[*] 选自《新编初中国文》第三册,宋文瀚编,中华书局1937年版。选文略有删节,出于篇幅的完整性考虑,编者补足了全文。

毫管；再能有窗子外不住往下筛的雪，筛淡了远近间扬动的市谣；筛泯了在泥道上挣扎的车轮；筛灭了脑壳中不妥协的潜流……

我要那深，我要那静。那在树荫浓密处躲着的夜鹰，轻易不敢在天光还在照亮时出来睁眼。思想：它也得等。

青天里有一点子黑的。正冲着太阳耀眼，望不真，你把手遮着眼，对着那两株树缝里瞧，黑的，有榧子来大，不，有桃子来大——嘿，又移着往西了！

我们吃了中饭出来到海边去。（这是英国康槐尔极南的一角，三面是大西洋。）勑丽丽的叫响从我们的脚底下匀匀的往上颤，齐着腰，到了肩高，过了头顶，高入了云，高出了云。啊！你能不能把一种急震的乐音想象成一阵光明的细雨，从蓝天里冲着这平铺着青绿的地面不住的下？不，那雨点都是跳舞的小脚，安琪儿的。云雀们也吃过了饭，离开了它们卑微的地巢飞往高处做工去。上帝给它们的工作，替上帝做的工作。瞧着，这儿一只，那边又起了两只！一起就冲着天顶飞，小翅膀活动的多快活，圆圆的，不踌躇的飞——它们就认识青天。一起就开口唱，小嗓子活动的多快活，一颗颗小精圆珠子直往外唾，亮亮的唾，脆脆的唾，——它们赞美的是青天。瞧着，这飞得多高，有豆子大，有芝麻大，黑刺刺的一屑，直顶着无底的天顶细细的摇，——这全看不见了，影子都没了！但这光明的细雨还是不住的下着……

飞，"其翼若垂天之云……背负苍天，而莫之夭阏者"；那不容易见着。我们镇上东关厢外有一座黄泥山，山顶上有一座七层的塔，塔尖顶着天。塔院里常常打钟，钟声响动时，那在太阳西晒的时候多，一枝艳艳的大红花，贴在西山的鬓边，回照着塔山上的云彩。——钟声响动时，绕着塔顶尖，摩着塔顶天，穿着塔顶云，有一只两只，有时三只四只，有时五只六只，蜷着爪往地面瞧的"饿老鹰"，撑开了它们灰苍苍的大翅膀没挂恋似的在那里盘旋，在半空中浮着，在晚风中泅着，仿佛是按着塔院钟声的波荡来练习圆舞似的。那是我做孩子时所见的"大鹏"。有时好天抬头不见一瓣云的时候，听着"猇忧忧"的叫响，我们就知道那是宝塔上的饿老鹰寻食吃来了。这一想象半天里秃顶圆睛的英雄，我们背上的小翅膀骨上就仿佛豁出了一锉锉铁刷似的羽毛，摇起来呼呼响的，只一摆就冲出了书房门，钻入了玳瑁镶边的白云里玩儿去，谁耐烦站在先生书桌前，晃着身子，背早上上的多难背的书？啊，飞！不是那在树枝上矮矮的跳着的麻雀儿的飞；不是那凑天黑从堂屋后背冲出来赶蚊子吃的蝙蝠的飞；也不是那软尾巴、软嗓子做窠在堂檐上的燕子的飞。要飞就得满天飞，风拦不住、云挡不住的飞，一翅膀就跳过一座山头，影子下来遮得阴二十亩稻田的飞，到天晚飞倦了，就来绕着那塔顶尖，顺着风向，打圆圈做梦……听说饿老鹰会抓小鸡！

飞。人们原来都是会飞的。天使们有翅膀，会飞，我们初来时也有翅膀，会飞。我们最初来就是飞了来的，有的做完了事还是飞了去，他们是可羡慕的。但大多数人是忘了飞的，有的翅膀上掉了毛不长再也飞不起来，有的翅膀叫胶水给胶住了，再也拉不开,有的羽毛叫人给修短了像鸽子似的只会在地上跳,有的拿背上一对翅膀上当铺去典钱使过了期再也赎不回……真的,我们一过了做孩子的日子就掉了飞的本领。但没了翅膀或是翅膀坏了不能用是一件可怕的事。因为你再也飞不回去,你蹲在地上呆望着飞不上去的天,看旁人有福气的一程一程的在青云里逍遥,那多可怜。而且翅膀又不比是你脚上的鞋,穿烂了可以再问妈要一双去,翅膀可不成,折了一根毛就是一根,没法给补的。还有,单顾着你翅膀也还不定规到时候能飞,你这身子要是不谨慎养太肥了,翅膀力量小再也拖不起,也是一样难不是?一对小翅膀驮不起一个胖肚子,那情形多可笑!到时候你听人家高声的招呼说,朋友,回去吧,趁这天还有紫色的光,你听他们的翅膀在半空中沙沙的摇响,朵朵的春云跳过来拥着他们的肩背,望着最光明的来处翩翩的,冉冉的,轻烟似的化出了你的视域,像云雀似的只留下一泻光明的骤雨——"Thou art unseen, but yet I hear the shrill delight"——那你,独自在泥涂里淹着,够多难受,够多懊恼,够多寒碜!趁早留神你的翅膀,朋友。

  是人没有不想飞的。老是在这地面上爬着够多厌烦。不说别的。飞出这圈子,飞出这圈子!到云端里去,到云端里去!哪个心里不成天千百遍的这么想?飞上太空去浮着,看地球这弹丸在太空里滚着,从陆地看到海,从海再看回陆地。凌空去看一个明白——这才是做人的趣味,做人的权威,做人的交代。这皮囊要是太重挪不动,就掷了它,可能的话,飞出这圈子,飞出这圈子!

人类初发明用石器的时候，已经想长翅膀。想飞。原人洞壁上画的四不像，它的背上捎着翅膀；拿着弓箭赶野兽的，他那肩背上也给安了翅膀。小爱神是有一对粉嫩的肉翅的。挨开拉斯（Icarus）是人类飞行史里第一个英雄，第一次牺牲。安琪儿（那是理想化的人）第一个标记是帮助他们飞行的翅膀。那也有沿革——你看西洋画上的表现。最初像是一对小精致的令旗，蝴蝶似的粘在安琪儿们的背上，像真的，不灵动的。渐渐的翅膀长大了，地位安准了，毛羽丰满了。画图上的天使们长上了真的可能的翅膀。人类初次实现了翅膀的观念，彻悟了飞行的意义。挨开拉斯闪不死的灵魂，回来投生又投生。人类最大的使命，是制造翅膀；最大的成功是飞！理想的极度，想象的止境，从人到神！诗是翅膀上出世的；哲理是在空中盘旋的。飞：超脱一切，笼盖一切，扫荡一切，吞吐一切。

你上那边山峰顶上试去，要是度不到这边山峰上，你就得到这万丈的深渊里去找你的葬身地！"这人形的鸟会有一天试他第一次的飞行，给这世界惊骇，使所有的著作赞美，给他所从来的栖息处永久的光荣。"啊达文謇！

但是飞？自从挨开拉斯以来，人类的工作是制造翅膀，还是束缚翅膀？这翅膀，承上了文明的重量，还能飞吗？都是飞了来的，还都能飞了回去吗？钳住了，烙住了，压住了，——这人形的鸟会有试他第一次飞行的一天吗？……

同时天上那一点子黑的已经迫近在我的头顶，形成了一架鸟形的机器，忽的机沿一侧，一球光直往下注，砰的一声炸响——炸碎了我在飞行中的幻想,青天里平添了几堆破碎的浮云。

悦读·品悟

每个人都拥有着对飞翔的幻想吧,每个人都有飞在蔚蓝天空上的梦吧,不管是在懵懂的童年时期,还是一直梦到现在。读着这篇文章,仿佛进入一次灵性之超尘脱俗的飞翔之中。

文章的开头,作者极大限度地突出了"深"和"静",营造出了一种惨淡压抑的氛围,令人想飞的欲望变得强烈了。接着,思想渐渐变得轻盈,似乎真的飞了起来。自由自在,摆脱了现实的世界。

在徐志摩的丰富想象中,"飞翔"的姿态和风度无疑是多种多样的,庄子在《逍遥游》中所夸张想象的"乘天地之正,而御六气之辩,以游于无穷"的无所凭依的"飞"自然不容易见着;"其翼若垂天之云"的鲲鹏的壮飞也有些难得("鲲鹏"终究是庄子的想象虚构之"无何有"之物)。然而,徐志摩笔下"饿老鹰"的飞翔已足够令人神往:

"撑开了它们灰苍苍的大翅膀没挂恋似的在那里盘旋,在半空中浮着,在晚风中泅着,仿佛是按着塔院钟声的波荡来练习圆舞似的。"

显然,"饿老鹰"般的壮飞是尤令徐志摩神往的,照徐志摩的意愿:"要飞,就得满天飞,风拦不住、云挡不住的飞,一翅膀就跳过一座山头,影子下来遮得阴二十亩稻田的飞。"他有所不屑的,恰是那种"在树枝上矮矮的跳着的麻雀儿的飞,那凑天黑从堂匾后背冲出来赶蚊子吃的蝙蝠的飞"。

又讲到,"人原来都是会飞的",令人心驰神往,满心向往,仿佛被作者带入了飞翔的境界。

然而文章最后,提到了飞机的出现,有关飞的幻想却也飞走了,好像漂浮在空中的肥皂泡,无声地破碎了。

——北京市朝阳外国语学校　姜雏音

（指导教师：魏巍）

蕙的风[*]

汪静之

作者·导读

汪静之（1902—1996），安徽绩溪人。与潘漠华、应修人、冯雪峰创立湖畔诗社，诗集《蕙的风》1922年初版，在全国掀起巨大反响。它的出版，无疑是向旧社会道德投下了一颗猛烈无比的炸弹，在我国文艺界引起了一场"文艺与道德"的论战。

是那里吹来
这蕙花的风——
温馨的蕙花的风？

---

[*] 选自《南开中学初三国文教本》第六册，南开中学编著，编者自刊1930年版。

蕙花深锁在园里：
伊满怀着幽怨。
伊的幽香潜出园外，
去招伊所爱的蝶儿。
雅洁的蝶儿，
熏在蕙风里：
他陶醉了；
想去寻着伊呢。

他怎寻得到被禁锢的伊呢？
他只迷在伊的风里，
隐忍着这悲惨而甜蜜的伤心，
醺醺地翩翩地飞着。

一九二一，九月三日于杭州第一师校

悦读·品悟

  诗中名为写花蝶，暗为写人，借花蝶以喻人。园墙可锁蕙花，却锁不住蕙花的芬芳，既是花香，就一定会飘出园外，既是蝶儿就必然要飞向花朵，这正是热恋之中的那种魂牵梦绕的情景。古往今来，描写爱情的诗词中绝不缺少花与蝶，但此诗中的语言可谓独具匠心，对蝶花相吸相恋而不得相见的情景用极其自然的语言描写一绘而就，或许在这里用"描写"一词都稍显不当，"写而不描"方能形容得恰当。就如绘画一般，工笔之美，显其形，美于筋骨，写意之美，显其灵，美于神髓，可谓春兰秋菊，各擅胜场。此诗写意，精髓在于想象，蕙花、蝶儿甚至幽香都是意象：一方面蝶儿循蕙花香气而来，飞离蕙花愈近花香愈浓，由于距离之近，就更增添了内心的思慕之情；另一方面咫尺天涯，男女双方相隔只有一墙，可以相互感觉到对方的气息，相距近在咫尺，却没有办法见面。百人眼中百般景，千人眼中千场梦，不同的人，不同的心情，都能在眼前展现出一幅不同的蕙花蝶儿图，如此，甚好。

蕙花在园中开放，馥郁的香味在风中弥漫，蝶儿闻香而来，翩翩起舞。不知道为什么那样的美景和花香，却让人觉得感伤，是否因为那堵永远不能越过的墙？能怎么样呢，只有像遥远的往昔那只迷醉在蕙风中的蝶儿那样，隐忍着，这悲惨而甜蜜的伤心罢。

感情是文学中最重要的元素，只有想象能够使感情光辉灿烂，是的，这一首诗，像一首灵动的歌，尽管语言是如此的自然且淳朴，但又何妨其中的美妙和浓烈呢？

——北京市朝阳外国语学校　董子洵

（指导教师：张媛）

猫的天堂

[法]左拉著　刘半农译

作者·导读

　　爱弥尔·左拉（1840—1902），自然主义创始人，自然主义文学流派的领袖。19世纪后半期法国重要的批判现实主义作家，自然主义文学理论的主要倡导者。历时26年，完成《卢贡·马卡尔家族》，代表作有《萌芽》《娜娜》等。刘半农（1891—1934），名复，江苏江阴人。文学家、语言学家、诗人。著有诗集《扬鞭集》，采编的民歌集《瓦釜集》等，有"平民诗人"之称。

　　我有一只安戈兰地方出产的猫，是一位姑母遗传给我的。这猫是我从来没有见过的蠢畜生。瞧，这就是它向我讲的故事，

---

* 选自《基本教科书国文》第一册，傅东华、陈望道编，商务印书馆1930年版。

是一个冬天的晚上它坐在温暖的火炉旁边讲的。

一

那时我是两岁,我真是人家从没见过的一只最臃肿而又最颟顸的猫。在那弱小的年龄,我还自负得了不得,以为这温暖的家居生活,是我们做畜类应当痛恨的。可是多谢天公,他竟把我安排到了你姑母的手里去!这位好太太真疼爱我。在一座橱柜的底里,她给我铺设起一间真正的卧室来。枕头是羽毛做的,被盖是三重的。食料也和卧具相称。从不给面包,从不给汤,给的尽是肉,而且是好的,煮得半熟的、带着鲜血的肉。

好!在这种温适的生活中间,我却只有一个愿望,只有一个梦想:就是要从窗洞中溜出去,到外面屋顶上去跳动跳动。你姑母的抚摩早叫我讨厌了;床上的软适也使我腻烦得要作呕了;我身体也愈长愈胖,要把我闹出病来了。因此我整天的愁闷着,想要得到些快乐。

我应当向你说,把我的颈项伸长了,我就可以隔着窗看见对面的屋顶。那一天,正有四只猫在那里相打,竖着毛,翘着尾,在蓝色的石板上滚来滚去,晒着老大的太阳,赌着快乐的咒。我从来也没有目睹过这样的一个奇景。自此以后,我的信仰就固定了。我知道真正的幸福,就在屋顶上,就在这一扇人家关得紧紧的窗的那一面。我也有我的证据:人家把橱柜的门都关得紧紧的,门的那一面可就是人家藏着的肉。

于是我就预备起逃走的计划来了。在一生之中，除煮得半熟的、带着鲜血的肉以外，总应当还有些别的东西。这东西就是"不可知"，就是理想。

一天早晨，人家忘了把厨房里的窗子关上，我就捉空儿一跳跳了出去，恰巧跳在窗底下的一个小屋顶上。

二

这屋顶多美啊！屋顶的四周，有水槽围绕着。从水槽中，发出一种很甜美的气味。我畅畅快快的循着这水槽走；我的脚就踏在槽底的烂泥里。这烂泥的温和与柔润是无可形容的；我就好像在天鹅绒上走路一样。天气又好；太阳的热力，把我身体中的脂肪都晒得融化了。

不瞒你说，我的四肢都在发抖。在我的快乐中，还夹杂着许多的恐慌。我所记得特别清楚的，是那时着了忙，几乎站不稳脚，要从屋上跌往地下去，原来是有三只猫，从别人家的屋顶尖上滚到这边，就对着我走来，狠狠的大叫。我吓得几乎晕倒；他们却把我当作个大傻瓜，说他们这样叫，只是开开玩笑罢了。于是我也混在他们中一起叫。这种的大叫可真有趣啊！他们并不像我这样的痴胖。我走路一不留神，踏到了太阳晒烫了的水槽边，身体便球也似的滚翻了，他们就拿我大大的讪笑了一回。他们中间有一只老雄猫，可对我特别要好。他愿意指教我，我自然就接受了他这番好意而且谢谢他。

啊！现在是远离了你姑母的温存了！我要喝水，就在水槽里喝。那美味是调糖的牛奶决然比不上的。我觉得一切都好，都美。

一只雌猫打我们旁边走过。这是只极美丽的雌猫，看见了她使我身体中充满了一种不可名状的情感。我是直到那时，只有在梦中看见过这样的一种可爱的动物，这样的一种颈脊柔媚得可以艳羡的动物。于是我们，我和我的三个朋友，一齐走上前去向她招呼。我比他们更走前一步。我正想说几句话向这只美丽的雌猫表示敬意，不防我的一个同伴，在我颈脊上狠狠的咬了一口，我痛得大叫一声。

那只老雄猫说："呸！你将来还可以碰到许许多多呢！"他把我一把拖了就走。

三

这样散了一点钟的步，我可饿极了。

我问我的朋友老雄猫："我们在这屋顶上吃些什么呢？"

"找到什么就吃什么"，他带着一种学者的态度说。

这一个答语可叫我为难了。我苦苦的找了一番，可什么都找不着。后来才看见在一间破烂屋子里，有一个年轻的做工女人，正在预备她的中饭。靠窗的桌子上，放着一块很好的肋条肉，颜色鲜红，正配我的胃口。

"瞧，这可合用。"我自己呆头呆脑的想。

于是我一跳就跳到了那张桌子上，衔起那块肋条肉来。那做工的女人可看见，她提起一把帚子来在我颈脊上死命的打了一下。我放去了肉就逃，把她狠狠的诅咒了一声。

"你跑到你自己的村庄外面去了吗？"老雄猫说，"那桌子上的肉，是预备给远处的人吃的。你要找，应当在这水槽里找。"

我从来也没有懂得，为什么厨房的肉不是给猫吃的。此刻我的胃，真在没命的作难我了，而那只老雄猫，可又叫我大失所望。他说："我们应当等到晚上。到了晚上，我们就可以下了屋，到街上的垃圾堆里去找食吃。"等到晚上！他可是这样冷冷静静的说着，像个硬心肠的哲学家。而我，我只是想到了还要挨这么许久的饿，身体就不禁摇摇欲晕了。

四

夜是慢慢的来了。这是个有雾的夜，我几乎给冻僵了。不久就下雨。雨是小的，可往身上直钻，再加上一阵阵的风把它吹打着。

我们从一座楼梯顶头的天窗孔里下了屋。吓！现在的街道，在我看来是多丑啊！它已没有从前那样的好热光，已没有从前那样的老大太阳，已没有从前那样的闪着光的白色屋顶，就是我们在上面畅心快意打滚的。阶沿上满是泥浆，脚走上去一步一滑。我这时候真苦苦的想到了我那三层的被盖，和那羽毛的枕头了。

我们一到街上，我的朋友老雄猫就寒颤了一会。随后他把他的身体缩得小小而又小小的，沿着人家的门口，偷偷的走着，而且叫我快快的跟着他。后来走到了一家车房门口，他就连忙的躲在旁边，口中呜呜然，好像很满意的。我就问他："我们为什么要这样躲着？"

他说："你没有看见那人拿着个筐子和一个铁钩吗？"

"看见的。"

"看见的就好啦！要是他见着了我们，少不得要把我们打死了油炙了吃！"

"油炙了吃！那么这街道也不是我们的吗？我们不能吃，可要给人家吃！"

五

幸而那时候，人家已经把垃圾倾倒在门口来了。我一堆一堆的去搜寻，可仍是大失所望。我只找着了两三块没有肉的骨头，而且还是在炉灰中擦抹过的。到了此刻，我才知道那鲜肉中所含的汁液是多么丰富啊！我那朋友老雄猫搜寻垃圾堆，可真像个艺术家一样。他带着我一堆一堆的去拜访，不慌不忙的，直到天亮为止。这时我已挨了近乎十个钟头的冷雨，全身没一处不在瑟瑟的抖。啊！该死的街道！该死的自由！我是多么的回想我那牢狱啊！

天亮了，老雄猫看我要软瘫下去了，他就换了一种声口问我：

"这样的生活你过够了不是?"

"啊!够了!"我说。

"你要不要回家去呢?"

"那自然。可是,哪里还找得到我的家呢?"

"你跟我来。昨天早晨你走出来的时候,我早就想,像你这样一只肥头胖耳的猫,生来就不配享受自由中的艰辛的快乐的。我知道你的住处;我送你到门口就是了。"

这只老实的大雄猫只简简的说了这几句话。等我们到了门口时,他向我说:

"再会吧!"他也没有向我表示一些别离的情感。

我叫道:"不行,咱们俩不应该这样就分别了。你与我同到里面去。我把我的床和我吃的肉与你平分。我的女主人是一位好太太……"

他没等我说完,就抢着说:

"闭你的嘴!你这个蠢东西!在你那安乐窝中,我非死不可。你那种丰腴的生活,只有杂种贱猫觉得好。自由的猫决不愿意把一个牢狱的代价来购买你所吃的肉和你那羽毛枕头。……再会吧。"

他又上屋去了。我看着他的大而瘦的影子,很舒适的和那初升的太阳光互相抚摩着。

我进了屋子,你的姑母拿起扫帚来把我教训了一顿,我也用我的深挚的欢悦之心承受了。我大大的领略了一番这温暖而挨打的欢欣。当她打我时,我早在做着美梦,知道她打完了就要给我肉吃了。

我的主人啊，你瞧，——我的猫在炉火的前面，把身体伸得长长的，说出它的结论来，——真正的幸福与天堂，就是关闭在一间有肉吃的屋子里挨打。

我说的是猫的事。

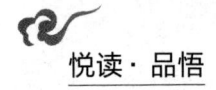

悦读·品悟

天堂到底在哪里？

在有着优渥生活但有着枷锁的安乐窝，还是在只有捡垃圾命运却透着彩色的世界？"不可知"的理想给你力量挣脱一切捆绑，去找寻真的自由，即使那里混沌一片，那里险恶暗生，那里弱肉强食，那里虽有日的明，更有夜的黑……那里却透着最令人心醉的自由。

然后呢？猫问自己是否留下。作为读者，我开始陷入沉思：胖猫，那里没有用羽毛做成的枕头，没有带着鲜血的肉，那里是你从小渴望的自由地方，充斥着黑暗和寒冷，周围的同伴会嘲笑你痴胖，甚至唯一的食物，只是垃圾堆里没有任何血丝的骨头。我犹豫着猫会怎样选择？暗自希望他能留下，但，他最后选择了回到那个曾想跳出的安乐窝，仅仅是由于那里有安逸温暖的生活，不用在深巷里为生活奔波，不必提防敌人们的目光。

阳光下的泡沫有着自由的彩色，里面有你曾经的笑脸。猫猫,当你回到了你梦中的天堂,承受主人的棍棒时,你有没有泡沫破碎时的心痛?

恍惚间,我仿佛又听见了小猫的叫声:喵喵喵喵喵……

——北京杨镇一中 邓玥超

(指导教师:曾绣青)

鹞鹰与芙蓉雀[*]

[英]赫孙著　徐志摩译

作者·导读

赫孙（1841—1922），现译为威·亨·赫德森，作家、博物学家。出生在南美。初期在英美刊物发表博物学方面的故事和文章，服膺达尔文学说，对现代文明抱有怨恨，具有敏锐的观察力，充满幻想，散文笔调细腻入微而又生气勃然。作品有系列故事《紫色土地》，长篇小说《绿色公寓》等。徐志摩（1896—1931），原名章垿，字槱森，留学英国时改字志摩，浙江海宁人。"新月派"诗人、散文家。

有一天早上，跟着一群衣服整洁的人们走路，无意中跑进了一处大教堂，我在那里很愉快的耽搁了一个时辰，倾听一位

---

[*] 选自《新编初中国文》第四册，宋文翰编，朱文叔校，中华书局1937年版。

大牧师讲道的口才，他讲"天才"。……他说一个人有了天然的异禀，往往发见他的身世比平常人格外的难堪；原因就在他的想望比别人的更高，因之他所发现现实与他的理想间的距离也就相当的远了。这是极明显的，谁都知道；但他说明这层道理所用的比喻却真的是从诗的想象力里来的。平常人的生活，他比作关在笼子里的芙蓉雀的生活。讲到这里，他忽然放平了他那威严的训道的神情，并且他那深厚、响亮的嗓音也转成了一种脆薄的荻管似的尖调，竟像是小雀子的轻啭。连着活泼的语言、出口的快捷、适应的轻灵的姿态与比势，他充分的形容了在金漆笼子里的那位柠檬色的小管家。"喔"，他叫着，它的生活是多么漂亮、多么匆忙，它管得着的事情又多么多！看它多么灵便的从这横条跳上那横条，从横条跳到笼板上，又从笼板跳回横条上去！看它多么欣欣的不时来啄了一嘴细食，要不然，趁高兴一摇头又把嘴里的细食散成了一阵骤雨！看它那好奇的神情：转着它那亮亮的眼珠看看这边，又看看那边；一点新来稀小的声响，它都得凝神的倾听；眼前什么看得见的东西，它都得出神的细看！它不能有一息安定，不叫就唱，不纵就跳，不吃就喝，扭过头去就修饰它的羽毛，至少每分钟得做十多样不同的勾当。这来忙住了，它再也没工夫去回想它的世界是宽是窄——它再也不想想这笼丝圈住了它，隔绝了它与它所从来的伟大的世界；风动的树林，晴蓝的天空，自由轻快的生涯，再不是它的了。

这番话听着很俏皮，实际也对，当场听的人全都有了笑容。

但说到这里,他那快捷的姿态与比势停住了,他缄默了一响。他那苍老的威严的面上罩上了一层云;他站直了,把身子向左右摇摆了一下,理整了他的黑袍,举起他的臂膀,正像一只大鸟举起他那长羽翩的翅膀,又放了下去;这样来了三两遍,他说话了,他的声音是深沉的、合节度的,好像表示愤怒与绝望:"但是你们有没有见过一只关在笼子里的大鹰?"

这来对比的意致是真妙。他又摇摆了一下,举起重复放下他的臂膀,这时候他学的是那异样的大鹫的垂头。在我们跟前就站着我们平常在万牲园里见惯的"雷神的大禽":它那深陷的凄情的眼睛直穿透着我们看来;掀动着暗色的羽毛,举起它那厚重的翅膀仿佛要插天飞去似的,但转瞬间又放了下去。嘴里发出那种长引的惨刻的叫声,正像是对着一个蛮横的运命发泄它的悲愤。他接着形容给我们听这鸟禽在绝望的囚禁中的生活,他那严肃的巉岩的面目、沉潜的腔音、意致庄重的多音字,没一样不是恰巧适合他的题材;他的叙述给了我们一个沉郁庄严永远忘不了的一幅画图——至少,像我这样一个禽鸟学者是不会忘的。……

他那两种截然不同对比的引喻,同是失却自由,意致却完全异样。我听来是十分的确切。因为这是不容疑问的事实,别的动物受人们任意虐待,所受的苦恼比罪犯们在牢狱中所受的苦恼更大。芙蓉雀与鹫鹰虽则同是太空中的生灵,同是天赋有无穷的活力;但它们各自失却了自然生活所感受的结果却是大大的不同。就它们原来自然的生活看，小鸟在笼子里生活比大鸟在笼子里生活比较的不感受拘束，它那小，便于栖止的结构，它那纵跳无定的习惯，都使它适宜于继续的活动：因此它在笼丝内投掷活泼的生涯，除了不能高飞远飏外，还是与它在笼外的状态相差不远。还有它那灵动、好奇、易受感动的天性，实际上在笼圈内讨生活倒是有利益的；它周遭的动静，不论是小声响，或是看得见的事物，都是使它分心的机会。还有它那丰富的音乐的语言，也可以使它忘却囚禁的拘束，保持它的健康与欢欣。

但是鹰的情形却就不同，就为它那特殊的结构与巨大的身量，它一进牢笼时真成了囚犯，从此辜负它那天赋的奇才与强性的冲动，不能不在抑郁中消沉。你尽可以用大块的肉食去塞满它的肠胃要它叫一声"够了"，但它其余的器官与能耐又如何能得到满足？它那每一根骨骼、每一条筋肉、每一根纤维、每一枝羽毛、每一节体肤，都是贯彻着一种精力，那在你禁它在笼子里时永远不能得到满足，正像是一个永久的饥荒。你缚住它的脚，或是放它在一个五十尺宽的大笼里——它的苦恼是一样的。就只那无际的蓝空与稀淡的冷气，才可以供给它那无限量的精力与能耐自由发展的机会。它的快乐是在追赶磅礴的风云，这不仅满足它那健羽的天才，它那特异的视力也同样要求一个辽阔的天空，才可以施展它那隔远距离、明察事物的神异。……但是它的拘禁却使它再不能高飚，再不能远眺，再不能姿纵劫掠的本能。

悦读·品悟

英国赫孙的文章中提到了鹞鹰和芙蓉雀,如果让一个养鸟的人选,他一定选择后者,会唱、能跳、讨巧,多好!这宠雀还聪明异常,可以训练表演衔线、打斗、叼旗,甚至燕雀交嘴。驯鹰则不然,不得已彻夜都不得闭眼,老北京话说是"熬大鹰",一连几天消磨鹰的野性,一不小心连家禽都有"不翼而飞"之险呢。雀鸟专注于自己迷人的歌喉,翅膀也由飞翔演变成扑打,主人赞得一声"凤凰不如你"便是今世的最高恩赐。而小鹰一出生巢穴便建在悬崖上,悬崖的气息、高空的气息、凌空的气息、绝境的逼仄,使它的基因密码里生来就注入了桀骜。英雄本学万人敌,何用屑屑悲红妆,雀儿的能耐它自然是不会也不屑去学的。

英雄是孤独的,但不寂寞,扑向苍穹,在盘旋滑行中锻炼自己的勇气,用利石击自己的喙,用新喙拔全身的羽毛。苦心志、劳筋骨、饿体肤、健体魄,猛禽的目标不偏移——成为天鸟,百禽之王。

据说,繁体字中学习的"習"字,就是表示迎着旭日翱翔的鹰。给鹞鹰这样的不安于樊笼的猛禽以羁绊,它会终日愁歇。鹞鹰又名鹞子,唐代专有饲养鹞子的官坊叫鹞坊。熬猎鹰的鹞子与鹰脚上的环相扣,故此红楼的凤姐有道"黄鹰抓住了鹞子的脚,两个都扣了环了"。那看似爱的牢笼使鹰的生命之流失去落差,渐趋平缓,真是熬煞英雄。

鹞鹰与芙蓉雀,代表了两种人生状态。我们生在这个世界上,最可贵的是自由,失去自由,就等于失却了生命。文章的意象达情,语言隽永,临窗读来,过目难忘。

——北京市朝阳外国语学校　亓睿英

（指导教师：魏巍）

一个人的生活

梁漱溟

作者·导读

梁漱溟（1893—1988），原名焕鼎，字寿铭，广西桂林人。哲学家、教育家。主要研究人生问题和社会问题，有"中国最后一位儒家"之称。梁漱溟宣称自己是"实践家""实干家"，就是希望作为一个人，能够解决自己的人生问题，也能够解决"人们"的问题——中国社会。

生活是最普泛、最寻常的事，草木也生活，鸟兽也生活，小孩子疯癫白痴，诸般神经病者也生活。他们的生活都很容易；并不是说他们很容易生存，是说他们生活的时候很没什么疑难。为什么没有疑难？因为他们的生活是用不着拿意思去处理的。

---

* 选自《国文教科书》第四册，孙俍工编，神州国光社1932年版。

若是一个人的生活，就难得很。

他是一个人，你是一个人，我是一个人，我们都是一个人，不是不是人，不是一个以上两个三个的人，也不是一个以下大半个小半个的人。倘然是一个人，这很难很难处理的事，就加在了我们的头上，摆在了我们的面前。我怎么样去生活？

我怎么样去生活？倘然我没有打好主意，我一步都走不了。我应当到大学来作教习不应当？很是疑问；岂但如此，我今天的饭应当吃不应当吃？很是疑问；我的眼应当睁开看天看地不应当？很是疑问；并不是不成问题。

我看见一位伍观淇先生，他说总没有打好了这个主意，不知道哪个主意好？一旦得到了这个主意，即或是要他拿刀杀人，他就去拿刀见人便杀，绝不迟疑。现在最苦的事，只为没打好"我怎么样生活"的主意。伍先生的精神，我们实在佩服。我愿意大家，我尤愿意我们少年都像伍先生这样子，第一要打好主意，第二是打了主意就去行。我大声告我那少年道：切莫走闭眼路！

但是伍先生要我们给他一个主意，我们没有主意给他，我要大家开眼觅路时，我也没一条路给大家。质言之，"我怎么样去生活"的问题，没有唯一不二的答案，我们只能告诉人去觅他的路，觅了路如何走。大约这要觅路，如何觅路，如何走路，是大家可以共得的，其路则不须共也。

大约这"我怎么样去生活"的问题，是少年中国学会的人都打量过一番了。因为我们已经表明了奋斗的字样，就这组织"少年中国学会"的事，已经是奋斗的实现。大家对于大家本身的生活,都不是提起问题,加以处理了的么?奋斗不是处理的积极进行么?所以不必再要大家去提起问题。"提起问题"这件事不过是我们对于社会上大多数人所希望的罢了。我常听见人说,要建设民本政治,要改良社会,要提倡新思想。我觉得很难办。因为什么?因为现在社会上大多数人都是不拿意思去处理他的生活的,都是不发问的,虽非白痴疯癫,也就几希的。你就是把民本政治等等东西送到他面前,他是不接纳呀。必须他发问他怎么去生活,然后才好告诉他如此如彼。故此启牖他的意思,要他发问,在这一般人最为要紧。

我们现在已在奋斗,用不着启牖发问。但是怎样去实行,还是很要紧;因为我们的答案并没答完毕。或是只答我目前如此如此,完整的人生观,还没建立;或我以为完全解答了,他日意思变动了,又生疑问。所以一边觅路,一边走路,一边走路,一边觅路,是大家的通例;也是很没错的法子。如此说来,我们就要问怎样觅我们的路,怎样走我们的路?这无别的道,就是诚实,唯一就是诚实。

你要晓得,你是已经起了疑问的,你对于你的疑问不容不应付。你那唯一应付的法子,再无第二,只有诚实。你如不然,就会有大危险;不是别人加危险于你,是你自己已经违离了宁帖,小则苦恼,大则致精神的变态,如癫狂心疾之类;并非故甚其辞,大家默察可也。头一层,我问我怎样去生活?我须诚实的答。未诚实去答,第一定不信赖这个答,那疑问岂不是始终悬在眼前,惶惶然没个着落么?所以非诚实的答不可。如果诚实的去答了，无论这个答圆满不圆满，也不得而知他圆满不圆满，但是在我已经是唯一不二的了。并不是他一定对，是因为我所有的唯有诚实。我没能力可以超越我的诚实，所以我可以信赖的，也不能再过于我这诚实的解答；即或自知未圆满，也是信赖的，因现在我没有法子信赖别的。有一个信赖的答，就过得今天的生活。换言之，倘然我不诚实的答我的疑问，我就过不得今天的生活。第二层，既答了，就要行，觅着了路，就要走。走路必须诚实。诚实的去走一条路，就是积极，就是奋斗，倘然不积极、不奋斗，就不满我对我自己的要求。因为我问而得答的时候，我就要求如所答的生活，这个要求不是要求别人给我如此一个生活，是我要我如此去生活。如果我去，如果我积极的去，就满了这要求。如果我不去，我不积极的去，就不满这要求。不满这要求，就没应付当初的疑问。已经答应了他，又不应付他，比未答应他时还要苦恼。（大家要晓得，不一定手脚齐忙是积极，是奋斗；凡是一个人对自己意思为断然处置的，都是积极，都是很激烈的奋斗。）已经答应了他，又不应付他，在"一个人"不应当有这种事。所以这样的生活，还不能算"一个人的生活"。唯诚实的去走路，才不会走出两歧的路来。唯诚实的走路，乃走一条路，一条笔直的路。唯走一条路，乃为"一个人的生活"。倘然走出歧路来，一只脚往东，一只脚往西，或者南辕北辙，岂不是一个以上或一个以下的人了么？那不得为"一个人的生活"也。明明看见了路，又走差路，其当如何悔恨？不积极的走路，不过消极的未满自己的要求；走了差路，是积极的乖反自己要求，其将如何的苦痛?

自从起意思那一天。——就是发问的那一天,一个人的生活,便已开始,唯有诚实的往前,不容休息,不容往左、往右、往后,永无歇止,只有死而后已。不是我不容你,你倘然当初不是一个人,是一个小孩子、白痴,那很容易办。你已然是一个人,再要他恢复到小孩子、白痴,已是不可能的了。你已经起了意思,你要再恢复没有意思状态,已是不可能了。这生活开始以后,只有诚实的答问,诚实是走路,一分不诚实,立刻就是一分的憾。无论你跑到什么地方,他总追到你,你没有法子解脱他,除非诚实。不为别的,但缘你已是有意思的人了,不是白痴了。

我同你,同他,同我们所有少年中国学会的人,不是已经拿意思去处理自己的生活了么?从此以后,无有休止的时候,也没有休止的地方了,只有诚实的往前。我往我看见的那个前,你往你看见的那个前,他往他看见的那个前,俗话叫做"各自奔前程"。除非"这一个人的生活"完了的时候,方才拱手一声"告别了"!

悦读·品悟

生活是一条你踏上了却看不见远方地平线的路,因为你不知道这条路会有多长,又会在你的心湖拖起多长的尾线。

如同作者所坚信的一般,当我们起了疑问"怎样去生活"时,我们事实上就已经在路上了,要一边走一边觅路,同时朝着一个方向，诚实地前行。我们既然是一个人，就只是一个人，那么就应当有生活的意识。所谓一个人的生活，不仅仅是指我们在各自的生命中是一个完整的人，而且指前进的道路方向只有一个，这是唯一，是诚实，是奋斗，更是生活。

可能会有许多人同我们一起上路，可最终我们还是一个人，即使真的结伴而行，终究是两具不同的身体、两个不同的灵魂，唯有意识到了生活，感受着生活，勇敢并诚实地朝着这一方向走下去，我们才能做到"一个人的生活"。民国时期的学者，坚信人是有思想有意识并可以用意思去处理生活的，梁先生希望，通过一个人的生活成就思想上的进步，进而成就民族的进步。

生活无需启牖发问，重要的是在漫漫人生路上建立完整的人生观，在浮华喧闹的世界踏出凋零一海的花瓣，然后这些花瓣变成了一个又一个生活的标志，细微地飘落在了我们柔软安谧的心田。

——北京市第二十中学　祝翔宇

（指导教师：冯春莉）

西 风[*]

陈衡哲

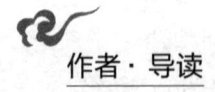

作者·导读

陈衡哲（1890—1976），笔名莎菲，祖籍湖南衡山。中国新文化运动中最早的女学者、作家、诗人，也是中国第一位女教授，有"一代才女"之称。著有短篇小说集《小雨点》《衡哲散文集》《文艺复兴史》《西洋史》及《一个中国女人的自传》等。

有一天，正是初秋的时候，西风正静静的在红枫谷中睡觉，忽然被一阵喧嚷的声音闹醒，接着又听见四面飞跑的脚步声。西风揉了一揉眼睛，伸首向外一看，只见涧里的秋水，正横冲直撞的在那里乱跳，还有天上的薄云，和谷边的红叶，也夹着那淡

---

[*] 选自《开明国文讲义》第二册，夏丏尊、叶圣陶、宋云彬、陈望道合编，开明书店 1935 年版。

黄的蝴蝶，在谷中乱扑乱飞。他们看见了西风，一齐叫道："快起来罢！月亮儿忽然不见了，我们找了这些时还不曾找着呢。你今天可曾见过她吗？"

这时候西风才知道他们所闹的什么一件事。月亮儿不见了吗？在西风看来，这也算不得什么奇事。在这个红枫谷里，月亮儿和西风的交情，算是最密切的了，他们俩中间还有什么事是瞒着的呢？红枫谷里的居民，大概是不大喜欢到下面的世界上去的，他们至多一年去一次，有时也竟不去；唯有月亮儿却最恋恋那个下面的世界。西风虽然与她很投机，但却不甚赞成她的这个尘世观念。他曾常常劝她留在谷里，与兄弟姊妹们玩耍，不必去做那些俗人们的玩具。

做玩具吗？月亮儿听了，不由得生起气来了。她对西风说道："我正是因为下面的世界太恶浊了，住在那里的人们，只有下降的机会，没有上升的希望，所以我宁愿牺牲了红枫谷里的快乐，常常下去看看他们，想利用我这一点的爱力，去洗涤洗涤他们的心胸，并且去陪伴陪伴那比较高尚一点的人们的孤寂。我这一点悲天悯人的苦心，别人不知道也就罢了，你如何也不知道呵！"

西风听了这一番话，方才明白月亮儿恋恋下界的缘故，心中不胜惭愧，正不知道说些什么是好；忽然听得一阵笛声，从谷外飘来。西风懂不得那笛声的意思，但觉得它包含着无限思慕之忱，凄凉幽怨，听了不由得心里又是安慰，又是痛苦。月亮儿却是认得那笛声的，她知道下界的那位少年，又在想她了。她凝神听了一会,不觉潸然泪下,便对西风说道:"你听呀!这个叫唤是何等的凄怨呵!那吹笛的是一位高尚的少年,他正想着我呢。我此时若不亟去伴慰他的寂寞,恐怕他又要被尘世的毒气所熏染了;你说我还能忍心不去吗?"

西风虽然舍不得月亮儿,但也不便阻止她,只得问道:"你此去约须几时才得回来呢?"月亮儿道:"此刻世上的人们,因为天气初凉,尘氛渐减,所以想我去的心,比往常更为恳切。我此去或者有一二十天的耽搁,或者更久些,也说不定。"他们正说着,那笛声吹得更加悲切了。月亮儿此时也顾不得西风的恋恋和抱怨——其实她又何尝舍得他——匆匆的说了一声"再会",径自去了。

西风心里纳闷,又觉得有些寂寞,便把两手抱着头,倒在一株桂花树的根边睡着了。却不提防那一群的兄弟姊妹们,因为找不到月亮儿,又把他吵醒。

于是西风便对他们说道:"月亮儿不见了,也是常事,你们又何必如此大惊小怪呢?"他们答道:"是呵,往常她不见了,倒也没有什么要紧,可是这一次却是很不幸呀!因为我们正想去聚集了这谷中的居民,做一个迎秋大会;月亮儿是这谷里的头等角色,少了她,我们这个会还做得成吗?"

西风见他们着急得可怜,便把月亮儿临走时的一番话,告诉了他们,并且说道:"她此去既有一二十天的耽搁,你们何不趁此也到下界去游玩游玩呢?"

这一句话却把他们提醒了,只见那薄云向那淡黄的蝴蝶,招了一招手儿，立刻就不见了。桂花树边，山石底下的秋虫，也爬了出来，吱吱的叫着，往谷外跳去。涧里的秋水，看见大家行动，忍不住也骨都骨都的向着下界奔流。只有那些红叶们，虽然竭力的挣扎，要想同他们飞去，却终是飞不起来。他们只得央求西风，来把他们送一送；但是西风说道："那下界的人恨着我哩，我也与他们清浊异气，有些不愿去。诸位请自便罢，恕不奉送了。"西风一面说着，一面带着一肚子的愁思，向他所住的芙蓉穴走去。

那穴里有几百株芙蓉，此时开得正盛。芙蓉林里有一张石床，床的四周栽着菊花和秋海棠，床上却厚厚的铺了一层丹桂花。他们看见西风回来了，便一个个放出他的幽香来欢迎他。西风很无聊的在那石床上躺了下来，仰首望去，只见天高气清，明星灿烂，只独少了一个月亮儿。西风思念了一阵，不觉蒙眬睡去；忽见月亮儿在云里探出头来，向他微笑。西风心里喜欢，却是说不出话来。但是，看呵！月亮儿已经降下来了。她把身子斜倚在一株梧桐树边，说道："还不醒来吗，西风？世上的人想着你呢，尤其是一个少年的女子；她说道：'若没有西风，那还成什么秋天呢？就是那个月亮儿，也要带上三分俗气了。'听呵！听呵！她又在那里叫你了。"

西风此时已经醒了过来，当月亮儿说话时，他恍惚听见有一阵轻幽的歌声，从桂花香中透过来。他再听时，只听得唱道：

西风兮西风，

为我吹绿叶兮使成黄；
西风兮西风，
为我驱去盛夏之繁光，
为我澄清秋水兮，
为我吹来薜荔之幽香。

红尘混浊不可以居兮，
仰高天而怅望；
愿身为自由之鸟兮，
旁云雾而翱翔；
愿身为凄冷之西风兮，
携魂梦以回故乡。

　　西风觉得这个歌声，和上次的笛声一样，竟把他深藏心底的哀怨欢乐，一一的叫了出来；而且这个歌声的力量，似乎比那笛声还要利害些。此时他竟把月亮儿都忘了，兀自呆呆的听着。隔了好一会，他才记起了月亮儿，但是她已经不见了，只有那歌声的余韵，还在他的心中缠着。
　　此时西风对于下界的厌恶心，不觉已变为思慕心。他暗想道："我已经有好几年不曾到下界去了，容许人们对于我的观念，已经改变了罢。我何不再去走一趟呢？又好看看月亮儿，又好认识认识那位古怪的女子。"但他忽然又想到了红叶们方才对他的要求，和他自己的拒绝，不觉有点不好意思，他对自己说道：

"我该用些什么话来对付他们呢？"

他一路想着，不觉已经走出了他的芙蓉穴。忽见穴的两旁，站满了红黄的落叶，他们正向穴口观望，悲嗟叹息，此时见西风走了出来，不觉齐声欢呼，一拥上前，把他围住，苦苦的要求他，仍把他们带到下界去。

西风见了这个情形，又惊又喜，便立刻答应了他们的要求。只听呼吼一声，霎时间，红叶与黄叶，漫空弥谷，蹁跹回翔，转展的飞向下界去了。

西风把叶儿们送到了人间，正在徘徊观望，想去找找月亮儿，忽见方才从红枫谷里流下的涧水，正停住在一个田畔，凝思不动。他看见了西风，不觉喜逐颜开，对西风道：

"西风哥，你看我可笑不可笑呢？我自从到了下界之后，竟停住不能再流了。你肯把我推动一下吗？"

西风于是走近涧边，只把那涧水轻轻的一推，说也奇怪，那涧水便如复活了一样，跳跃欢欣，奔流向大河去了。

但西风因心中挂念着月亮儿，此时不免又抬头向天上张望。猛然间，只见那从红枫谷里飞下来的白云，正呆呆的挂在半天里，愁眉不展的在那里发急呢。

"怎么！"西风不觉好笑的发问，"你也不中用了吗？"

白云涨红了脸，迟疑了半晌，才答道："惭愧惭愧！我们红枫谷里的居民，除了蝴蝶之外，一到下界，便都像了这里的人民，成为废物了。"

于是西风纵身一跃，腾入了白云深处，他向白云吹了一口气。只见纤云片片,轻盈皎洁,立刻荡漾于青天碧山之间,回复了他们活泼的原状。

西风叹了一口气,便在一座满挂薜荔的岩下,坐了下来。他此时不暇再想那少女和月亮儿了,他只觉得白云红叶们的可怜;他的心竟为着他的没有自主能力的同伴,充满了无限的悲哀。

他正这么的感慨着,忽听得月亮儿的声音,在他的背后说道:

"西风西风!你怎么忘了那个少女呢?"

西风抬头看时,只见月亮儿正露着半个面孔,在一个梧桐树枝上,向他窥看。她又说道:

"那位少女正在哭泣呢,我们去罢!"

于是西风站了起来,携了月亮儿的手,径向那位少女的住处行去。

"呵,呵!这个牢笼!"他们走近少女时,只听得她这样的悲叹。"我不能再忍了,西风,西风,来把我吹了去罢!"

西风和月亮儿走到少女的跟前,说道:"姑娘为何这般伤心呀!西风来了呵!"

少女听得西风到了,不觉挥泪欲笑。她向他们两个上下打量了一会,说道:

"听说你们都是从红枫谷中来的,真的吗?"

他们点点头。

那少女又道:"听说红枫谷中十分美丽,十分自由,也是真的吗?"

月亮儿道:"不错,是真的。我们的谷里,冬天有白云,春天有红花,夏天更是绿树成荫,鲜明圆润。但谷中最可爱的时候,却要算是秋天了。"

西风忍不住插嘴说道:"那秋天的红枫谷呵!秋天如镜,秋花缤纷,山果累累,点缀着幽山旷野。蝴蝶儿,黄叶儿,红叶儿,他们终日的蹁跹飞舞。……"

那少女亟问道:"你们便住在这些地方吗?"

西风指着月亮儿道:"她住的地方叫做桂宫,我住的是一个芙蓉穴,蝴蝶和秋虫儿住的地方叫做蓼花塘,涧水儿的家是在薜荔谷,红叶和黄叶的家在野菊圃。这些地方都是属于红枫谷的,独有那白云是随处翱翔,不拘于一个地方。"

那少女听了,不觉浑身颤动,和触了电气一般,她含泪说道:"阿呀,这就是我的老家呵!我日夜所梦想的,便是这个地方,却不料它就是你们的红枫谷。"于是她便央求他们,把她带回那个谷里去。

西风不忍拒绝她的苦求,只得答应了。月亮儿因为她在下界的责任,还不曾完结,只得让西风同了少女先去。

此时西风就对少女说道:"你愿化成像我一样的气质呢,还是愿意保存了你原有的形状,预备重回故乡?"

那少女道:"自然愿化为像你一样的气质,因为除了红枫谷,我还有什么故乡呀!"

于是西风便把那位少女化成和自己一样的气质,携着她的手,慢慢的腾到红枫谷中来。那位久受尘世束缚的少女,此刻忽然化为轻微的气质，不觉乐得手舞足蹈。她深深的吸了一口气，但觉得天空地阔，四无阻碍，飘飘逸逸，如笼鸟还林，涸鱼得水，好不自由。西风也明白少女的情绪，他不禁叹道："想不到那下界地方，是这样的缺乏自由和美丽的呵！"

从此以后，那少女便在红枫谷里住下。她终日与谷中的居民嬉戏，真好像回到了自己的老家一样。居民之中，她最喜欢的，除了西风以外，却要算是那枫树上的叶儿了。她觉得他们是秋光的最好代表，凡是秋天的声音颜色，诗情梦境，都很完全的藏在那长不盈寸的小小红叶之中。她有时和他们在空山之中，扑飞赛跑；有时把他们携回卧室，插入瓶中，放入杯里，挂在壁间，藏在床内。她常笑对她的朋友说道："看呵，这么多的枫叶！我差不多要做这个谷里的王后了！"

她又喜欢在那暮色苍茫，万籁悄寂的时候，独坐在路旁的一块石头上，看苹果一个个的从树上落下，落到那铺满了野菊花的地上去。谷内的松鼠很多，起初他们是很怕她的，但不久也就和她相熟了；他们常常抱着偷来的榛子儿，走到她的面前来，对着她剥食。那块石头的右边，是一条小涧，涧边开着许多木芙蓉，有红的，也有白的；他们常映着那淡弱的夕阳，在水中荡漾。那少女置身在这样丰盛清丽的秋色之中，常常忘了时刻；直待到那涧水里的芙蓉影子，渐渐成为模糊一团，星光渐渐在水面上闪烁起来，她才恍然于夜色已深，只得快快的回家睡觉。

西风自从经过了这一件事，也由一个厌世者变为一个悯世者了。他见那少女在谷中那样的快乐，不觉被她感动得几乎下泪。他此时才明白，他自己是怎样的一个自由使者，怎样的一个幸福的贡献者了。他知道下界的人民，是十分需要他的帮助的，于是他便年年到下界去一次，给他们带一点自由和美感去。有时他遇着了深厌尘世的人，他便径把他们带到红枫谷里来，叫他们去过和那少女一样的美丽生活。

这是为什么每年到了秋天，西风便来拜访我们的原因，因为在不曾遇到那位要求自由的少女以前，他是不常到我们这个下界来的。

悦读·品悟

小时候与友人很喜欢看古龙的小说，尤其是《楚留香传奇》《绝代双骄》。小说里的主角大多温润如玉，不似凡人，于俗世从未有过牵绊。喜欢看就罢了，偏又痴迷于此。于是我俩决定练功夫。

当时是秋冬交界的时候。北京的天空阔阴沉，板着脸很严肃，层层堆积的厚厚云海不免让人感觉到一丝悲壮。我们找了个楼后面的广场练功。那广场鲜有人迹，形容起来怎一个凄凉了得！友人面容肃冷，"嘿——"地一掌破空而来，我冷笑一声，身形一转，手里握着的小折扇"哗"地打开，清喝一声，便张牙舞爪地迎了上去。于是不免又一场缠斗。当时自以为超于尘世，可如今想来，若是有人经过，看到的也不过是两个疯子自导自演的一场闹剧。

西风是掸去红尘污浊的拂尘。

友人走了之后,我懒得再翻那些又厚又沉的故事,我更喜欢记录生活琐碎的散文。

有一年五月初,我来到异地的一个古寺,执意登上不稳的木阶去钟楼上敲钟。当我"当——"的一声敲响的时候,几乎落下泪来。那天的夕阳有一个老而昏黄褶皱的额头。那天的钟声拉长成了永恒孤独的背影。

西风席卷的,是我的过去,也许也会是我的未来。而与友人吹玉笛,落梅花的冬季,却注定是古钟撞响的失落梦境。

——北京市朝阳外国语学校　武悦

（指导教师：张媛）

二

如此生者

蚕儿和蚂蚁[*]

叶圣陶

作者·导读

叶圣陶（1894—1988），原名叶绍钧，字秉臣，江苏苏州人。作家、教育家、文学出版家和社会活动家，有"优秀的语言艺术家"之称。代表作品有《倪焕之》《稻草人》等。

撒，撒，撒，像秋天的细雨声，所有的蚕儿都在那里吃桑叶。它们也不辨辨滋味，只顾咬只顾吞，好像它们生到世间来，惟有吃桑叶一件大事。

一会儿，桑叶剩了些脉络，蚕儿的灰白色的身体完全显露，构成个蠕动的使人肉麻的平面，于是饲蚕的人又把大批的桑叶

---

[*] 选自《基本教科书国文》第一册，傅东华、陈望道编，商务印书馆1931年版。

盖上去。撒,撒,撒的声音又响起来,而且更响一点,像一阵秋风吹过,送来紧急的雨声。

有一条蚕,蹲在竹器的边缘,昂起胸部抬起头,一动不动,他独个儿不吃桑叶。它将要入眠了么?他吃得太饱了么?不,它正在那里思想。看它那副神气,就像个沉默深思的思想家。

什么事情只要能想,到底会弄明白的。

它开头想自己生到世间来究竟为了什么的,是不是专为吃桑叶这一件大事。它查考祖先的历史,看他们遇到些什么样。祖先是吃罢桑叶作成茧,被投到沸滚的汤里,人们捞起那丝来制成光彩的衣裳。他便明白蚕儿生到世间来,唯一的大事是作茧。吃桑叶并不是大事,只是一种方便;不吃桑叶作不成茧,要为作茧故而先吃桑叶。想到这里,它灰心极了;辛辛苦苦一世工作,却为那全不相干的"人"!它再不想吃桑叶了,只是昂起胸,抬起头,一动也不动。

又一批新桑叶盖到蠕动的使人肉麻的平面上,急雨似的声响又播散开来。独有它看都不看一看。

左近旁有个细微的声音招呼他道:"朋友,又是一顿新鲜的大餐来了。你吃呀,客气会吃亏的。"

他不屑回头转去,骂道:"你们这辈饿死鬼似的东西,只晓得说吃呀吃呀!我饱得很,太饱了,不想吃。"

"你在什么地方吃到了更鲜美的东西么?"一句话才说罢,那发问的小嘴连忙沿着桑叶边缘一上一下地咬嚼。

"更鲜美的东西!你们就不能离开了口腹的事情而思想的

么？使我饱的是厌恶，是很深的厌恶。"

"你厌恶什么？"

"我厌恶工作。没有比工作更可厌的了，从今以后，我决意永不工作。刚才作成一个歌儿，唱给你听听：

> 什么叫工作，
> 没意思，没道理，
> 毫无所得，白费气力。
> 我们不要工作，
> 看看天，望望地，
> 一直到老死；落得省力气。"

但是同他对话的那条蚕儿不等听罢他的新歌儿，就爬到另一张桑叶的背面去了。其余的蚕儿全没留心到有一位朋友永不吃桑叶的事。

"什么叫作工作！
没意思，没道理。
……"

他一边唱，一边离开了竹器的边缘。既已决意永不再工作，那何妨离开工作的场所；这些只晓得吃，什么也不明白的同伴，又实在使他看着生气；它从木架子爬下，一对对的脚移动得很快，这时他觉着离开越快越好。一口气爬到室外边的地面上，听不见同伴的吃桑叶的声了，他才停了脚；重又昂起胸部，抬起头,开头过那"看看天,望望地"的"不要工作"的日子。

忽然像针刺似的,尾部觉着一阵痛,身体不由自主地扭曲一下。他连忙回头看,原来是一个蚂蚁。

那蚂蚁自言自语道:"不想还是活的。"

"你以为我是死的么?"

"你像掉在地上的枯树枝一般,我以为至少僵了三天了。"

"你说我的身体干瘦吗?"

"不错。你既然还是活着,为什么身体这样干瘦呢?"

"你知道我决心不吃东西了么?"

"你碰到什么倒霉的事情了,要想要自杀,把自己饿死?"

"我厌恶工作。我看穿了,吃东西只是关于工作的一种方便,所以我不想再吃东西。小朋友,我有一个新编的歌儿,唱给你听听。"

蚂蚁听蚕儿有气没力地唱他的宣传歌,忍不住笑起来,说道:"哪里来的怪思想!你说不要工作,就差不多说不要你的生命,不要你的种族呢。"

蚕儿呆呆地看了蚂蚁一眼,叹息道:"生命和种族,在我说来,也没有什么意思。滚沸的汤!一丝一缕完全被抽去!我想到这些,只见前面一团黑。"

"生了耳朵从来没有听见过。你说出这样的话来,大概你工作太多,神经有点昏乱了。我唱一个我们的歌给你听听,让你清醒一下吧。"

"你也有歌儿?"

"我们个个都能唱歌。唱歌是我们精神的开花。"

蚂蚁用触角一动一动地按着拍,他唱出下面的歌儿:

"我们赞美工作,

工作便是生命。

他给我们丰富的报酬,

他使我们热烈地高兴。

我们全群繁荣,

我们各个欣幸。

工作!工作!——

我们永远的歌声。"

蚂蚁唱罢,哈哈大笑,又仰起头,摆动着脚,舞蹈起来。一边问道:"怎样?我们这歌比你那倒霉的歌儿光明得多吧?"

蚕儿揣想那小东西一定也是什么都不知道的,同那些死守在竹器里吃桑叶的同伴们一模一样;不然,就想不透它这一团高兴从哪里来的。他问道:"难道没有一锅滚沸的汤等候在你们前面吗?"

蚂蚁摇摇头,说:"我们喜欢冷饮,那边池塘里的清水是我们的饮料。"

"不是说这个。是说没有'人'来抽你们的丝么?"

"什么叫做'人'?我不懂。"

蚕儿感到表白心意的困难。停顿了一会儿,转换话头问道:

"难道你们的工作不是白做的么？"

"你怎么问这个么？"蚂蚁觉得惊奇,"世间哪里会有白做的工作！"

"我的意思正和你相反,世间哪里会有不白做的工作！"

"你不相信,只消看看我们。我们的工作完全不是白做的,一丝一毫的气力都贡献给全群,增加全群的福利。"

"我想象不来如你所说的那样的事。我只知道全群的结果是做煮毙的僵尸。"

蚂蚁微觉不耐烦,"顽固的先生,同你说不明白的了。只有请你亲眼去看见我们的生活情形,才会使你相信我的话不是骗你。我此刻还有工作,还要去找寻食物,不能陪你同去。带了这封介绍书去吧。"说着,伸出前足,授过介绍书,这在人类,是要用了最好的显微镜才看得清的。

蚕儿接了介绍书,懒懒地说道:"谢谢你。我反正不想工作,停留在这里同到你们那里去看看都是一样的。"

他们分别了。蚂蚁匆匆地跑去,跑过一段路停住脚,向四围探视,换个方向,又匆匆地跑去。蚕儿不紧不慢地爬行,好像每一个环节移前一步都要停顿好久似的。

蚕儿爬行虽然慢,终于到了蚂蚁的国土。他把介绍书递给门前的守卫,就得到很优厚的招待。他们让他参观一切的工作,运粮食,开道路,造房屋,管孩子；又引他参观一切的地方,隧道,会堂,育儿室,储藏室。他如在另一天地间,只见他们起劲,努力,忙碌,欢快,真个工作就是他们的生命。最后,他们开会款待他，齐声合唱先前那个蚂蚁唱给他听的那个歌儿。

蚕儿听到末了的"工作！工作！——我们永远的歌声"，忍不住滴下眼泪。他这才相信，世间真有不是白做的工作，蚂蚁们的赞美工作确然有道理的。

从此他又明白自己厌恶工作同蚂蚁赞美工作都有缘由，彼此情景不同，对于工作的意念也就不同了。——什么事情只要能想到，到底会弄明白的，何况他是一条思想家似的蚕儿。

悦读·品悟

本文是一篇内容简短而寓意深刻的童话。蚕看似看透了生活，放弃了工作，但它经过蚂蚁的点拨以及亲眼所见，发现自己对生活及工作的了悟还远远不够。

蚕看窄了工作的宽度，认为自己的一生就是为了作茧而吃桑叶，其实，它的生命远没有这样的单调，除了作茧，有的蚕也承担了繁衍后代的工作，有破茧的希望，飞翔的可能……蚕看浅了工作的深度，自视工作白做，全都是为了毫不相干的"人"，换个角度，它也是在为自己，吃桑叶也是为了求得自身的生存。蚕还看低了工作的高度，其实工作是在实现自己的生命价值，如果蚕只是来这世上走一遭，看看天，望望地，那它也就没有存在的意义了。蚕的工作并没有白做，它吃的每一片桑叶，结成的每一个茧，最终造就的是人们身上华美的绸缎，换取的是蚕丝在人类生活中有口皆碑的现状。蚕放弃工作的想法也源于它从未体验过工作的快乐,只有热爱自己的工作,全身心地投入自己的工作,才能真正体会到工作的快乐,完美地实现生命的价值。

——北京市朝阳外国语学校　谢先建

（指导教师：魏巍）

运河与扬子江*

陈衡哲

作者·导读

陈衡哲（1893—1976），笔名莎菲，祖籍湖南衡山。中国新文化运动中最早的女学者、作家、诗人，也是中国第一位女教授，有"一代才女"之称。

扬子江与运河相遇于十字路口。

河　你从那里来？

江　我从蜀山来。

河　听说蜀山险峻，峭岩如壁，尖石如刀，你是怎样来的？

江　我是把他们凿穿了，打平了，奋斗着下来的。

河　哈哈！

---

* 选自《复兴初级中学教科书国文》第一册，傅东华编著，商务印书馆1933年版。

江　你笑什么？

河　我笑你的谎说得太稀奇了。看呵！似你这样软弱的身体，微细的流动，也能与蜀山奋斗么？

江　但我确曾奋斗过来的。况且我从前并不是这个样子。我这个软弱的生命，便是那个奋斗的纪念。

河　真的吗？可怜的江！那你又何苦奋斗呢？

江　何苦奋斗？我为的是要造命呀！

河　造命？我不懂。

江　你难道不曾造过命吗？

河　我的生命是人们给我的。

江　你以为心足吗？

河　何故不心足？

江　我不羡妒你。

河　可怜的苦儿！你竟没有人来替你造一个命吗？

江　我不稀罕那个。

河　可怪！你以为你此刻的生命胜过我的吗？

江　人们赐给你的命！

河　这又有什么相干？我不是与你一样的活着吗？

江　你不懂得生命的意义。你的命，成也由人，毁也由人；我的命却是无人能毁的。

河　谁又要来毁我呢？

江　这个你可作不得主。

河　我不在乎那个。

江　最好！最好！快乐的奴隶固然比不得辛苦的主人，但总远胜于怨尤的奴隶呵！再会了，河！我祝你永远心足，永远快乐！

于是扬子江与运河作别，且唱且向东海流去。

奋斗的辛苦呵！筋断骨折；

奋斗的悲痛呵！心摧肺裂；

奋斗的快乐呵！打倒了阻力，羞退了讥笑，征服了疑惑。

痛苦的安慰，愉悦的悲伤，从火山的烈焰中，采取生命的真谛！

泪是酸的，血是红的，生命的奋斗是彻底的！

生命的奋斗是彻底的，奋斗来的生命是美丽的！

悦读·品悟

大江东去，浪淘尽，千古风流人物。民国烟雨，谁曾忆，一代才女衡哲。纵观其一生，虽看尽世态炎凉，尝遍苦辣辛酸，却从未灰心放弃，灾患或曾打破她的颈梗，却不能打破她的心。

世人对命运大抵有三种态度，一为安命，二为怨命，三为造命。

安命之人，"人不堪其忧，而回也不改其乐"，无论遭遇什么，他们都会安之若素，虽面对折磨苦难，却仍可保持内心的宁静与快乐，如同本文中的运河，"何故不心足，何故不快乐"，成败得失，他们不曾在乎过，他们是老子所说的"上善若水任方圆"。

怨命之人，不满于现实而又不能改变，只能以口中或心中的怨怼之词发泄心中的不平。他们没有奋斗的决心或力量，又无法释怀发生在自己身上的不幸。于是，他们愤怒，他们抱怨，他们耿耿于怀，将成功归咎于幸运女神的眷顾，却不能发现那辉煌背后的汗水与拼搏。

造命之人，是真正的勇敢者，"我要扼住命运的咽喉，它不能使我屈服"。他们都曾经历过足以将人压碎的灾患而没有被压碎。这些灾患或曾使他们家破人亡，或曾使他们漂泊流离，然而他们的精神并不曾因此而沮丧。当他们死时，他们是因力乏而死，并非为征服而亡。

乱石穿空，惊涛拍岸，卷起千堆雪。扬子江自千年雪山发源，奔流而下，惊涛澎湃，掀起万丈狂澜，江水滔滔，仿佛诉说着造命者奋斗的泪与笑，悲哀与欢乐，梦想与期冀。那犹如万马奔腾的潮声，正是献给从古至今的这些造命者的英灵的安魂曲。江山如画，一时多少豪杰。他们与这泱泱江水一起，铸成民族的脊梁。

——北京市朝阳外国语学校　贝冰月

（指导教师：魏巍）

伯豪之死[*]

丰子恺

作者·导读

丰子恺（1898—1975），原名丰润，后改为子恺，浙江桐乡人。画家、散文家、翻译家、美术和音乐教育家，是一位多方面卓有成就的文艺大师，也是中国新文化运动的启蒙者之一。著有《缘缘堂随笔》。他本性多愁善感，却在儿童不染尘埃的童心里找到"清净心"和"佛性"，找到本真之我，从而保持达观自然的超然胸怀。

伯豪是我十六岁时在杭州师范学校的同班友。他与我同年被取入这师范学校。这一年取入的预科新生共八十余人，分为甲乙两班。不知因了什么妙缘，我与他被同编在甲班。那学校全

---

[*] 选自《国文教科书》第二册，孙俍工编，神州国光社1932年版。

体学生共有四五百人,共分十班。其自修室的分配,不照班次,乃由舍监先生的旨意而混合编排,故每一室二十四人中,自预科至四年级的各班学生都含有。这是根据了联络感情,切磋学问等教育方针而施行的办法。

我初入学校,颇有人地生疏,举目无亲之慨。我的领域限于一个被指定的坐位。我的所有物尽在一只抽斗内。此外都是不见惯的情形与不相识的同学——多数是先进山门的老学生。他们在纵谈,大笑,或吃饼饵。有时用奇妙的眼色注视我们几个新学生,又向伴侣中讲几句我们所不懂的,暗号的话,似讥讽又似嘲笑。我枯坐着觉得很不自然。望见斜对面有一个人也枯坐着,看他的模样也是新生。我就开始和他说话,他是我最初相识的一个同学,他就是伯豪,他的姓名是杨家俊,他是余姚人。

自修室的楼上是寝室。自修室每间容二十四人,寝室每间只容十八人,而人的分配的顺序相同。这结果,犹如甲乙丙丁的天干与子丑寅卯的地支的配合,逐渐相差,同自修室的人不一定同寝室。我与伯豪便是如此,我们二人的眠床隔一堵一尺厚的墙壁。当时我们对于眠床的关系,差不多只限于睡觉的期间。因为寝室的规则,每晚九点半钟开了总门,十点钟就熄灯。学生一进寝室,须得立刻攒进眠床中。明天六七点钟寝室总长就吹着警笛,往来于长廊中,把一切学生从眠床中吹出,立刻锁闭总门。自此至晚间九点半的整日间,我们的归宿之处,只有半只书桌(自修室里两人合用一书桌)和一只板椅子的坐位。所以我们对于这甘美的休息所的眠床,觉得很可恋;睡前虽然只有几分钟的光明，我们不肯立刻攒进眠床中，而总是凑集几个朋友来坐在床缘上谈笑一回，宁可暗中就寝。我与伯豪不幸隔断了一堵墙壁，不能联榻谈话，我们常常走到房门外面的长廊中，靠在窗缘上谈话。有时一直谈到熄灯之后，周围的沉默显著地衬出了我们的谈话声的时候，伯豪口中低唱着"众人皆睡，而我们独醒"而和我分手，各自暗中就寝。

伯豪的年龄比我稍大一些，但我已记不清楚。我现在回想起来，他那时候虽然只有十七八岁，已具有深刻冷静的脑筋，与卓绝不凡的志向，处处见得他是一个头脑清楚而个性强明的少年。我那时候真不过是一个年幼无知的小学生，胸中了无一点志向，眼前没有自己的路，只是因袭于传统的一个忠仆，在学校中犹之一架随人运转的用功的机器。我的攀交伯豪，并不是能赏识他的器量，仅为了他是我最初认识的同学。他的不弃我，想来也是为了最初相识的缘故，决不是有所许于我——至多他看我是一个本色的小孩子，还肯用功，所以欢喜和我谈话而已。

这些谈话使我们的交情渐渐深切起来了。有一次我曾经对他说起我的投考的情形。我说："我此次一共投考了三只学校，第一中学，甲种商业，和这只师范学校。"他问我："为什么考了三只？"我率然地说道："因为我胆小呀！恐怕不取，回家不是倒霉？我在小学校里是最优等第一名毕业的；但是到这种大学校里来考，得知取不取呢？幸而还好。我在商业取第一名，中学取第八名，此地取第三名。""那么你为什么终于进了这里？""我的母亲去同我的先生商量，先生说师范好，所以我就进了这里。"伯豪对我笑了。我不解他的意思,反而自己觉得很得意。后来他微微表示轻蔑的神气,说道:"这何必呢!你自己应该抱定宗旨!那么你的来此不是诚意的,不是自己有志向于师范而来的。"我没有回答。实际,当时我心中只知道有母命,师训,校规;此外全然不曾梦到什么自己的宗旨,诚意,志向。他的话刺激了我,使我忽然悟到了自己:最初是惊悟自己的态度的确不诚意;其次是可怜自己的卑怯;最后觉得刚才对他夸耀我的应试等第,何等可耻!我究竟已是一个应该自觉的少年了。他的话促成了我的自悟。从这一天开始,我对他抱了畏敬之念。

他对于学校所指定而全体学生所服从的宿舍规则,常抱不平之念。他有一次对我说:"我们不是人,我们是一群鸡或鸭。朝晨放出场,夜里关进笼。"又当晚上九点半钟,许多学生挤在寝室总门口等候寝室总长来开门的时候,他常常说:"放犯人了!"但当时我们对于寝室的启闭,电灯的开关,都视同天的晓夜一般,是绝对不可超越的定律;寝室总长犹之天使,有不可侵犯的威权,谁敢存心不平或口出怨言呢?所以他这种话,不但在我只当作笑话,就是公布于全体四五百同学中,也决不会有什么影响。我自己尤其是一个绝对服从的好学生。有一天下午我身上忽然发冷,似乎要发疟了。但这是寝室总门严闭的时候,我心中连"取衣服"的念头都不起,只是倦伏在座位上。伯豪询知了我的情形,问我:"为什么不去取衣?"我答道:"寝室总门关着!"他说:"哪有此理!这里又不真果是牢狱!"他就代我去请求寝室总长开门，给我取出了衣服，棉被，又送我到调养室去睡。在路上他对我说："你不要过于胆怯而只管服从，凡事只要有道理。我们认真是兵或犯人不成？"

有一天上课，先生点名，叫到"杨家俊"，下面没有人应到，变成一个休止符。先生问级长："杨家俊为什么又不到？"级长说"不知"。先生怒气冲冲地说："他又要无故缺课了，你去叫他。"级长象差役一般，奉旨去拿犯了。我们全体四十余人肃静地端坐着，先生脸上保住了怒气，反绑了手，立在讲台上，满堂肃静地等候着要犯的拿到。不久，级长空手回来说："他不肯来。"四十几对眼睛一时射集于先生的脸上，先生但从鼻孔中落出一个"哼"字，拿铅笔在点名册上恨恨地一圈，就翻开书，开始授课。我们间的空气愈加严肃，似乎大家在猜虑这"哼"字中含有什么法宝。

下课以后，好事者都拥向我们的自修室来看杨伯豪。大家带着好奇的又怜悯的眼光，问他："为什么不上课？"伯豪但翻弄桌上的《昭明文选》，笑而不答。有一个人真心地忠告他："你为什么不说生病呢？"伯豪按住了《文选》回答道："我并不生病，哪里可以说谎？"大家都一笑走开了。后来我去泡茶，途中看见有一簇人包围着我们的级长，在听他说什么话。我走近人丛旁边，听见级长正在说："点名册上一个很大的圈饼……"又说："学监差人来叫他去……"有几个听者伸一伸舌头。后来我听见又有人说："将来……留级，说不定开除……"另一个声音说："还要追缴学费呢……"我不知道究竟"哼"有什么作用,大圈饼有什么作用,但看了这舆论纷纷的情状,心中颇为伯豪担忧。

这一天晚上我又同他靠在长廊中的窗缘上说话了。我为他担了一天心,恳意地劝他:"你为什么不肯上课?听说点名册上你的名下划了一个大圈饼。说不定要留级,开除,追缴学费呢!"他从容地说道:"那先生的课,我实在不要上了。其实他们都是怕点名册上的圈饼和学业分数操行分数而勉强去上课的,我不会干这种事。由他什么都不要紧。""你这怪人,全校找不出第二个!""这正是我之所以为我!""……"

杨家俊的无故缺课,不久名震于全校,大家认为这是一大奇特的事件,教师中也个个注意到。伯豪常常受舍监学监的召唤和训叱,但是伯豪怡然自若。每次被召唤,他就决然而往,笑嘻嘻地回来。只管向藏书楼去借《史记》《汉书》等,凝神地诵读。只有我常常替他担心。不久,年假到了。学校对他并没有表示什么惩罚。

第二学期,伯豪依旧来校,但看他初到时似乎很不高兴。我们在杭州地方已渐渐熟悉。时值三春,星期日我同他二人常常到西湖的山水间去游玩。他的游兴很好,而且办法也特别。他说:"我们游西湖,应该无目的地漫游,不必指定地点。疲倦了就休息。"又说:"游西湖一定要到无名的地方众人所不到的地方。"他领我到保叔塔旁边的山巅上,雷峰塔后面的荒野中。我们坐在无人迹的地方,一面看云,一面嚼面包。临去的时候,他拿出两个铜板来放在一块大岩石上,说下次来取它,过了两三星期，我们重游其地，看见铜板已经发青，照原状放在石头上，我们何等欢喜赞叹！他对我说："这里是我们的钱库，我们以天地为室庐。"我当时虽然仍是一个庸愚无知的小学生，自己没有一点的创见，但对于他这种奇特，新颖，而卓拔不群的举止言语，亦颇有鉴赏的眼识，觉得他的一举一动对我都有很大的吸引力，使我不知不觉地倾向他，追随他。然而命运已不肯再延长我们的交游了。

我们的体操先生似乎是一个军界出身的人，我们校里有百余支很重的毛瑟枪。负了这种枪而上兵式体操课，是我所最怕而伯豪所最嫌恶的事。关于这兵式体操，我现在回想起来背脊上还可以出汗。特别因为我的腿构造异常，臀部不能坐在脚踵上，跪击时竭力坐下去，疼痛得很，而相差还有寸许，——后来我到东京时，也曾吃这腿的苦，我坐在席上时不能照日本人的礼仪，非箕踞不可。——那体操先生虽然是兵官出身，幸而不十分凶。看我真果跪不下去，颇能原谅我，不过对我说："你必须常常练习，跪击是很重要的。"后来他请了一个助教来，这人完全是一个兵，把我们都当作兵看待。说话都是命令的口气，而且凶得很。他见我跪击时比别人高出一段，就不问情由，走到我后面，用腿垫住了我的背部，用两手在我的肩上尽力按下去。我痛得当不住，连枪连人倒在地上。又有一次他叫"举枪"，我正在出神想什么事，忘记听了号令，并不举枪。他厉声叱我："第十三！耳朵不生？"我听了这叱声，最初的冲动想拿这老毛瑟枪的柄去打脱这兵的头；其次想抛弃了枪跑走；但最后终于举了枪。"第十三"这称呼我已觉得讨厌,"耳朵不生?"更是粗恶可憎。但是照当时的形势,假如我认真打了他的头或投枪而去,他一定和我对打,或用武力拦阻我,而同学中一定不会有人来帮我。因为这虽然是一个兵,但也是我们的师长,对于我们也有扣分,记过,开除,追缴学费等权柄。这样太平的世界,谁肯为了我个人的事而犯上作乱,冒自己的险呢!我充分看出了这形势,终于忍气吞声地举了枪。幸而伯豪这时候已久不上体操课了,没有讨着这兵的气。他的不上体操课也有一段佳话:

伯豪在第一次上体操课的点名的时候就和这体操先生发生冲突。那体操先生大概是投笔从军太早了一些,点名册上的姓名不大认识得完全;点名之前又似乎不曾预备,或曾经预备而太疏忽了,以致把伯豪的名字的"俊"字认作"携"字,侃侃地叫出"杨家携君"。(这体操先生,我始终认为他是客气的,点名时总带一个君字,虽然厉声叱责的时候,也不省却这君字。)伯豪不应,先生问:"杨家携君不到?"级长说:"到的。""为什么不应?"这时候我又在替伯豪着急,我料想他的回答一定是"你没有叫我的姓名"或"我不叫杨家携",而在大众眼前拆先生的台。幸而不然,伯豪笑而不答。先生对他一看,在点名册上划了一条,也不追究了。同学中有几个在窃笑,但没有一个人插话,似乎大家在替先生担心。那时候学校中还保留着些科举的遗风,文字的权威很高大,所谓"白字先生",读白字似乎是一件十分不名誉的事,所以大家不敢揭穿这事。但先生终于不能发现俊字与携字的区别,只管叫他"杨家携君"。伯豪难得也应了;但不应的时候多。他始终拿这一点来和先生开玩笑。先生因此十分注意他，对他的督察也特别严。有一天上体操课，先生叱了伯豪两次。到第三次，先生变叱为冷语："杨家携君你走出去罢。"伯豪从容地走出队伍，悠然而去。先生用愤怒的眼送他，许多同学用惊奇的眼送他，看他的背影在眼中消失了。

伯豪从此不上体操课了。不但如此，连别的一切他所不欢喜的课多不上了。同学的劝导，先生的查究，学监舍监的训诫，丝毫不能动他。他只管读自己的《史记》《汉书》。于是全校中盛传"杨家俊神经病了"，窗外经过的人，大都停了足，装着鬼脸，窥探这神经病者的举动。我听了大众的舆论，心中也疑虑，"伯豪不要真果神经病了？"

不久暑假到了。散学前一天，他又同我去跑山。归途上突然对我说："我们这是最后一次的游玩了。"我惊异地质问这话的由来，才知道他已决心脱离这学校，明天便是我们的离别了。我的心绪非常紊乱：我惊讶他的离去的匆遽；可惜我们的交游的告终；但想起了他在学校里的境遇，又庆幸他从此可以解脱了。

是年秋季开学，校中不复有伯豪的影踪了，先生们少了一个赘累，同学们少了一个笑柄，学校似乎比前安静了些。我少了一个私淑的同学，虽然仍旧战战兢兢地度送我的恐惧而服从的日月，然而一种对于学校的反感，对于同学的嫌恶，和对于学生生活的厌倦，在我胸中日渐堆积起来了。

此后十五年间，伯豪的生活大部分是做小学教师。我对他的交情，除了我因谋生之便而到余姚的小学校里去访问他一二次之外，止于极疏的通信。信中也没有什么话，不过略叙近状，及寻常的问候而已。我知道在这十五年间，伯豪曾经结婚，有子女，为了家庭的负担而在小学教育界奔走求生，辗转任职于余姚各小学校中。中间有一次曾到上海某钱庄来替他们写信，但不久仍归于小学教师。我二月十二日结婚的那一年，他做了几首贺诗寄送我。我还记得其第一首是"花好花朝日，月圆月半天。鸳鸯三日后，浑不羡神仙"。抵制日本的那一年，他有喻扶桑的《叱蚊》四言诗寄送我，其最初的四句是"嗟尔小虫，胡不自量？人能伏龙，尔乃与抗！……"又记得我去访问他的时候，谈话之间，我何等惊叹他的志操的弥坚与风度的弥高，此外又添上了一层沉着！我心中涌起种种的回想，不期地说出："想起从前你与我同学的一年中的情形，……真是可笑！"他摇着头微笑，后来他叹一口气，说道："现在何尝不可笑呢；我总是这个我。……"他下课后，陪我去游余姚的山途中他突然对我说道："我们再来无目的地漫跑？"他的脸上忽然现出一种梦幻似的笑容。我也努力唤回儿时的心情，装作欢喜赞成。然而这热烈的兴采的出现真不过片刻，过后仍旧只有两条为尘劳所伤的疲乏的躯干，极不自然地移行在山脚下的小路上。仿佛一只久已死去而还未完全冷却的鸟，发出一个最后的颤动。

今年的暮春，我忽然接到育初寄来的一张名片："子恺兄：杨君伯豪于十八年三月十二日上午四时半逝世。特此奉闻。范育初白。"后面又有小字附注："初以其夫人分娩，雇一佣妇，不料此佣妇已患喉痧在身，转辗传染，及其子女。以致一女（九岁）一子（七岁）相继死亡。伯豪忧伤之余，亦罹此疾，遂致不起。痛哉！知兄与彼交好，故为缕述之。又及。"我读了这名片，心绪非常紊乱：我惊讶他的死去的匆遽；可惜我们的尘缘的告终；但想起了他的在世的境遇，又庆幸他从此可以解脱了。

后来舜五也来信，告诉我伯豪的死耗，并且发起为他在余姚教育会开追悼会，征求我的吊唁。泽民从上海回余姚去办伯豪的追悼会。我准拟托他带一点挽祭的联额去挂在伯豪的追悼会中，以结束我们的交情。但这实在不能把我的这紊乱的心绪整理为韵文或对句而作为伯豪的灵前的装饰品，终于让泽民空手去了。伯豪如果有灵，我想他不会责备我的不吊，也许他嫌恶这追悼会，同他学生时代的嫌恶分数与等第一样。

世间不复有伯豪的影踪了。自然界少了一个赘累，人类界少了一个笑柄，世间似乎比从前安静了些。我少了这个私淑的朋友，虽然仍旧战战兢兢地在度送我的恐惧与服从的日月，然而一种对于世间的反感，对于人类的嫌恶，和对于生活的厌倦，在我胸中日渐堆积起来了。

一九二九年七月二十四日于缘缘堂

悦读·品悟

学生时代的人和事，即便是在几十年后偶然想起，也会令人不禁莞尔。那些远行的记忆，往往历久弥新。伯豪的直率和特立独行在那个要求人循规蹈矩的时代和地点显得格格不入。他不喜欢的课就永远不上，他喜欢的《史记》《汉书》就天天品读。老师的愤怒，同学的嘲讽，他都不在乎。这让作者看到，一个人可以为了自己的心和理想，拒绝一切的束缚，坚定地做真正的自己。这是一种令人钦佩的生活。现在的我们，也过着起床上学下学睡觉起床……无限循环的生活，有人抱怨有人逃避。然而我们在人生的每一个阶段都扮演着不同的角色，都有着这个阶段该做和必须做的事。这不是迷失自我也不是随波逐流。真正明智的人，能在密密麻麻的格子中看到流畅的线条，能在寡然无味的白水里品尝到甘甜的滋味，能在看似枯燥一成不变的生活中活出完整的自我。这也是生活。

——北京杨镇一中　周爽

（指导教师：熊君）

与佩弦

叶绍钧

作者·导读

叶圣陶（1894—1988），原名叶绍钧，字秉臣，江苏苏州人。作家、教育家、文学出版家和社会活动家，有"优秀的语言艺术家"之称。他与朱自清亲似手足。朱自清曾写过《我所见的叶圣陶》等文章。叶圣陶写《与佩弦》，讲述他们之间的友情。

你每次来上海是慌忙的。颧颊的部分往往泛着桃花色；行步急遽，仿佛有无量的事务在前头；而遗失东西尤为常事，如去年之去，墨水笔同小刀都留在我的桌上。其实岂止来上海时，就是在学校里，课前的预备，我见你全神贯注，表现于外面的情态

---

* 选自《初中国文读本》第二册，朱文叔编，舒新城、陆费逵校，中华书局1933年版。

是十分紧张；及到下课，对于讲解的回省，答问的重温，又常常红涨着脸。你欢喜用"旅路"这类的词儿，我想借用周作人先生称玉诺的"永远的旅人的颜色"一语来形容你慌忙的神气，可谓巧合。……

你的慌忙，我以为该有一部分的原因在你的认真。说一句话，不是徒然说话，要掏出真心来说；看一个人，不是徒然访问，要带着好意同去；推而至于讲解要学者领悟，答问要针锋相对：总之，不论一言一动，既要自己感受喜悦，又要别人同沾美利。这样，就什么都不让随便滑过，什么都得认真。认真得利害，自然见得时间之暂忽，如何教你不要慌忙呢！

看了你的海阔天空与古今中外一文的人，见你什么都要去赏鉴赏鉴，什么都要去尝尝味儿，或许要以为你是一个工于玩世的人。这就错了！玩世是以物待物，高兴玩这件就玩这件，不高兴则丢在一旁，态度是冷酷的。而你的情形岂是这样呢！你并非玩世，是认真处世，认真处世是以有情待物，彼此接触，就交付以全生命，态度是热烈的。要讲到"生活的艺术"，我想只有认真处世的才配。……这几句就作为你那篇文字的"书后"，你以为用得着么？

悦读·品悟

"认真"与"慌忙"听起来像是两个对立的极端，却被拿来形容同一个人。我想，对于朱自清这个"旅路之人"来说，时间必定是"匆匆"地流去的，他会用热情的态度对待眼前的事物，充满着无限的期望，可在不经意间，他的认真却令他"慌忙"了起来。他认真地处事，把所有的精力贡献了出来，但当他清闲下来的时候，才会意识到时间的匆匆，才会发现父亲的背影，才会漫步于荷花塘边。他越是认真，越会忽略身边细微的变化，于是他开始慌张，恐惧，但无济于事。他在文学上的成功取决于他的认真，而他在生活中的慌张同样是由于他的认真。我想，做事或许可以有选择地认真，走路或许可以慢一点，看看身边发生了什么，才不会觉得失去了很多。

——北京市第二十中学　毛絮

（指导教师：居铁）

理想的故乡[*]

孙俍工

作者·导读

孙俍工(1894—1962),原名孙光策,又号孙僚光,湖南省隆回县人。教育家、语言学家、文学家和翻译家。最初引起重视的短篇小说《海底渴慕者》发表于《小说月报》。他曾说自己写小说的宗旨就是研究人生的究竟和宇宙的根本。

梦哥:

当我临走时,你笑着问我道:

"你到了那边,你也该挂念你的故乡么?"

"我不!我现在没有母亲,又没有孩子,什么人都不挂念了。

---

[*] 选自《初级中学国文教科书》第三册,孙怒潮编,中华书局1934年版。

父亲年老了，纵挂念着他，我可以拿理智制住，你我的相了解更不必说了，我还念着什么呢？难道被兵匪所蹂躏的，我还留恋彼么？"

我毅然地回答你，你接着说：

"你现在当然是这样说。"

我也接着说：

"不但现在，而且将来到了那边也要这样说的。"

梦哥，现在到了这边了，你道我的思想究竟怎样？挂念故乡不？你能猜得着吗？

梦哥，我实在告诉你，我到现在，对于故乡实在有点挂念起来了。我到现在，看见那种外面极讲究礼貌而骨子里实藏着多量的欺诈的虚伪的人，实在感觉着十分的不安。他们那种堕落的根性过于深；他们沉醉在那种非牺牲他人自己便不能存在的定律里面，已不知有了若干年代。他们自以为是天之骄子，把身体、手足、思想、性情，一切都给与了天，却忘记了"人"的义务与责任；……梦哥，这样的一种人，你有什么法子可救济他们呢？所以我对于故乡，毕竟眷恋起来了。

"唉！回到故乡去罢，带着世间所有的一切堕落的人，回到故乡去罢！"

我从心底里叫喊了出来。

梦哥，我底心情，变得这样快。你不笑我是一个浮荡幼稚而无所主张的人吗？

虽然，梦哥呀，你在这里不要为我太过虑了。

因为我所眷恋的故乡，是理想的，是超出于现代的人间的。现代人心眼中所有的故乡，只是虚伪、欺诈、残暴。简单地说，只是一种以牺牲他人而图自己底存在的定则为基础所建筑成的故乡。这种故乡，我们应该诅咒的；这种故乡，我们不但不眷恋彼，而且应该使彼不再存留世间了。至于理想的故乡，是以"人"为基址所建筑成功的；是犹如以互助为柱，以博爱为梁，以和平为板壁，以平等为瓦装架成功的一座美丽的房子一样，那能不令人眷恋呢？梦哥，对于我们底理想的故乡，我们应该眷恋了。不但是眷恋，我们应该鼓起勇气，唤醒一般沉醉在那应该诅咒的故乡里的人们，一同回到理想的故乡里去才好呀！

　　现在火车正风驰电掣地向前途奔去。车窗外面的山，山中的红叶，远远看去，恰如春天桃花盛开的景色一般，艳丽得可爱。难怪有诗家称赞为"日出之国　花之国"了。假使他们不小器，不处处立意只把他人做牺牲品，能如花一样把自己所有贡献给蜂与蝶。那岂不是真正符合"花之国"的荣誉了吗？奈何堕落了！这真是人类的损失！

　　梦哥，我既然到了这里，以后决定尽使着我底软弱的呼声，唤醒他们回到理想的故乡去。

　　要说的话还多，俟抵东京再谈吧。

妹兰于东京行车中　十五

悦读·品悟

时代在变化,社会在发展,但是一个又一个的现象都表明我们在用人性的"减法"来换取社会的"加法"。正如作者所说,很多人以"损人利己"为核心定则。我们既然是人,就应该有一种特殊的本性——人性。如果一个人没有一点人性人情,那只能算是一部人肉机器。如果人皆如此,人性就这样地麻痹堕落下来,那么整个社会也将变得麻木不堪,直至腐烂。

反省一下我们的社会,人性缺失的事件屡见不鲜。结果呢?多少位老人"真正"摔倒之后无人敢扶;媒体上女孩喂陌生老人吃饭原来也只是一场作秀……现在的我们,甚至连乞丐都不敢相信。在"信息时代",我们却经历着一场严重的"信任危机"。"毒奶粉"事件让无数个宝宝失去了未来,也让无数个家庭失去了希望;硫磺辣椒、硫磺枸杞、苏丹红鸭蛋……人们为了利益竟不顾其他人的身体安全,不是单单一句"被金钱昧了良心"就能说明白的。泱泱华夏,我们的五千年文化去哪儿了?我们的中华传统美德去哪儿了?我们不配以中国五千年历史为骄傲,中国人颜面何存!

沸腾自己的热血,去唤醒那些人性丧失的机器,让我们回归一个充满人性的社会,回到"理想"的故乡!

——北京市朝阳外国语学校　胡鹤颜

(指导教师:齐悦)

三

我是少年

我是少年[*]

郑振铎

作者·导读

郑振铎（1898—1958），福建长乐人。作家、学者、文学评论家、翻译家。《我是少年》是郑振铎正式发表的第一首新诗，1919年发表在《新社会》第1号上，并在发刊词中豪迈地表示要创造一个"自由平等，没有一切阶级一切战争的和平幸福的新社会"。

一

我是少年！我是少年！我有如炬的眼，我有思想如泉。
我有牺牲的精神，我有自由不可捐。

---

[*] 选自《初中国文教本》第二册，张弓编，蔡元培、江恒源校订，大东书局1933年版。

我过不惯偶像似的流年,我看不惯奴隶的苟安。

我起!我起!我欲打破一切的威权。

二

我是少年!我是少年!我有沸腾的热血和活泼进取的气焰。

我欲进前!进前!进前!

我有同胞的情感,我有博爱的心田。

我看见前面的光明,我欲驶破浪的大船,满载可怜的同胞,进前!

进前!进前!

不管它浊浪排空,狂飙肆虐,我只向光明的所在,进前!进前!

进前!

悦读·品悟

"五四"之风,吹来了民主与科学的思想,也吹醒了年轻一代的朝气。读罢《我是少年》这首诗歌,我不禁联想起"恰同学少年,风华正茂,书生意气,挥斥方遒"这般的昂扬诗句。《我是少年》这首诗歌,字里行间充满积极向上的能量,无疑给当时那个刚从低迷中走出来的社会,注入了青春的活力。这是满怀着豪情的一代,这是饱含着壮志的一代,恰如诗歌中所言"我起!

我起！我欲打破一切的威权"。好似他们的动力用之不竭，好似他们的勇敢取之不尽。

这激情、这热血、这沸腾的生命，熔铸在每一位"少年"的魂魄里。这活力、这青春、这奋进的号角，同样召唤着今朝青年，向着光明的所在，前进！

——北京杨镇一中 陈晨

（指导教师：曾绣青）

《新青年》宣言[*]

陈独秀

作者·导读

陈独秀（1879—1942），原名乾生，字仲甫，号实庵，安徽怀宁十里铺（今属安庆）人。中国共产党的创始人和早期领导人。他是新文化运动的主要倡导者，也是五四运动的主要领导人，创办了白话文刊物《新青年》。主要著作收入《独秀文存》《陈独秀文章选编》等。

本志具体的主张，从来未曾完全发表。社员各人持论，也往往不能尽同。读者诸君或不免怀疑，社会上颇因此发生误会。现当第七卷开始，敢将全体社员的共同意见，明白宣布。就是后来加入的社员，也共同担负此次宣言的责任。但"读者言论"一

---

[*] 选自《南开中学初二国文教本》上册，南开中学编，南开中学自刊1935年版。

栏，乃为容纳社外异议而设，不在此例。

我们相信世界上的军国主义和金力主义，已经造了无穷罪恶，现在是应该抛弃的了。

我们相信世界各国政治上、道德上、经济上因袭的旧观念中，有许多阻碍进化而且不合情理的部分。我们想求社会进化，不得不打破"天经地义""自古如斯"的成见；决计一面抛弃此等旧观念，一面综合前代贤哲、当代贤哲和我们自己所想的，创造政治上、道德上、经济上的新观念，树立新时代的精神，适应新社会的环境。

我们理想的新时代新社会是诚实的，进步的，积极的，自由的，平等的，创造的，美的，善的，和平的，相爱互助的，劳动而愉快的，全社会幸福的。希望那虚伪的，保守的，消极的，束缚的，阶级的，因袭的，丑的，恶的，战争的，轧轹不安的，懒惰而烦闷的，少数幸福的现象，渐渐减少，至于消灭。

我们新社会的新青年，当然尊重劳动，但应该随个人的才能兴趣，把劳动放在自由愉快艺术美化的地位，不应该把一件神圣的东西当作维持衣食的条件。

我们相信人类道德的进步，应该扩张到本能（即侵略性及占有心）以上的生活；所以对于世界上各种民族，都应该表示友爱互助的情谊。但是对于侵略主义、占有主义的军阀、财阀，不得不以敌意相待。

我们主张的是民众运动、社会改造，和过去及现在各摄政党，绝对断绝关系。

我们虽不迷信政治万能，但承认政治是一种重要的公共生活；而且相信真的民主政治，必会把政权分配到人民全体，就是有限制，也是拿有无职业做标准，不拿有无财产做标准；这种政治，确是造成新时代一种必经的过程，发展新社会一种有用的工具。至于政党，我们也承认他是运用政治应有的方法；但对于一切拥护少数人私利或一阶级利益，眼中没有全社会幸福的政党，永远不忍加入。

我们相信政治、道德、科学、艺术、宗教、教育，都应该以现在及将来社会生活进步的实际需要为中心。

我们因为要创造新时代新社会生活进步所需要的文学道德，便不得不抛弃因袭的文学道德中不适用的部分。

我们相信尊重自然科学实验哲学，破除迷信妄想，是我们现在社会进化的必要条件。

我们相信尊重女子的人格和权利，已经是现在社会生活进步的实际需要；并且希望他们个人自己对于社会责任有彻底的觉悟。

我们因为要实验我们的主张，森严我们的壁垒，宁欢迎有意识有信仰的反对，不欢迎无意识无信仰的随声附和。但反对的方面没有充分理由说服我们以前，我们理当大胆宣传我们的主张，出于决断的态度，不取乡愿的，紊乱是非的，助长惰性的，阻碍进化的，没有自己立脚地的调和论调；不取虚无的，不着边际的，没有信仰的，没有主张的，超实际的，无结果的绝对怀疑主义。

悦读·品悟

青年的主张和信仰，往往是一个国家的灵魂，引领时代创新思想，承载着民族的复兴与希望。很显然，陈独秀先生深刻看清了这一点，他试图以振聋发聩的宣言，为这个百病缠身的国家找到生机与希望；在那个闭塞保守的年代他振臂一呼，唤醒了迷茫中寻找出路的青年人。

对新时代新社会提出美好构想，对新青年寄予各方面的希望，先生对新旧时代认识之独到，对社会剖析之深刻，对人心鼓舞之振奋，激励着当时乃至后来一代代的青年人。

简短有力的宣言，掷地有声，读来发人深思。陈独秀先生对科学与民主思想的尊重，对信仰和创造的追求，恰似一盏明灯，高悬于青年成长的道路上，也激励着我们当代年轻人走出温室般的小家，摒弃浮躁社会风气的干扰，敢于以国家天下为己任，为民族为世界创造一个新的明天！

——北京杨镇一中 陶莹

（指导教师：曾绣青）

"知不可而为"主义与"为而不有"主义[*]

梁启超

作者·导读

梁启超(1873—1929),字卓如,号任公,广东新会人。中国近代维新派领袖。曾倡导文体改良的"诗界革命"和"小说界革命"。其著作合编为《饮冰室合集》。

今天的讲题是两句很旧的话:一句是"知其不可而为之",一句是"为而不有"。现在按照八股的作法,把他分作两股讲。

诸君读我的近二十年来的文章,便知道我自己的人生观是拿两样事情做基础:(一)责任心,(二)兴味。人生观是个人的,各人有各人的人生观。各人的人生观不必都是对的,不必于

---

[*] 选自《新中华教科书国语与国文》第六册,朱文叔编,新国民图书社1929年版。

人人都合宜。但我想一个人自己修养自己，总须拈出个见解，靠他来安身立命。我半生来拿"责任心"和"兴味"这两样事情做我生活资粮，我觉得于我很是合宜。

我是感情最富的人，我对于我的感情，都不肯压抑，听其尽量发展。发展的结果，常常得意外的调和。"责任心"和"兴味"，都是偏于感情方面的多，偏于理智方面的很少。

"责任心"强迫把大担子放在肩上，是很苦的；兴味是很有趣的。二者在表面上恰恰相反，但我常把他调和起来。所以我的生活，虽说一方面是很忙乱的、很复杂的；他方面仍是很恬静的、很愉快的。我觉得世上有趣的事多极了；烦闷、痛苦、懊恼，我全没有；人生是可赞美的、可讴歌的、有趣的。我的见解，便是（一）孔子说的"知其不可而为之"和（二）老子的"为而不有"。

"知不可而为"主义，"为而不有"主义，和近世欧美通行的功利主义根本反对。功利主义对于每做一件事之先，必要问："为什么？"胡适《中国哲学史大纲》上讲墨子的哲学，就是要问为什么。"为而不有"主义便爽快的答道："不为什么。"功利主义对于每做一件事之后必要问："有什么效果？""知不可而为"主义便答道："不管他有没有效果。"

今天讲的，并不是诋毁功利主义。其实凡是一种主义，皆有他的特点，不能以此非彼。从一方面看来，"知不可而为"主义，容易奖励无意识之冲动；"为而不有"主义，容易把精力消费于不经济的地方。这两种主义，或者是中国物质文明进步之障碍，也未可知。但在人类精神生活上，却有绝大的价值，我们应该发明他、享用他。

"知不可而为"主义，是我们做一件事，明白知道他不能得着预料的效果，甚至于一无效果，但认为应该做的，便热心做去。换一句话说，就是做事时候，把成功与失败的念头都撇开一边，一味埋头埋脑的去做。

这个主义如何能成立呢？依我想：成功与失败，本来不过是相对的名词。一般人所说的成功，不见得便是成功；一般人所说的失败，不见得便是失败。天下事，有许多从此一方面看，说是成功，从别一方面看，也可说是失败；从目前看，可说是成功，从将来看，也可说是失败。比方乡下人没见过电话，你让他去打电话，他一定以为对墙讲话，是没效果的；其实他方面已经得到电话，生出效果了。再如乡下人看见电报局的人，在那里乒乒乓乓的打电报，一定以为很奇怪、没效果的；其实我们从他的手里，已经把华盛顿会议的消息得到了。照这样看来，成败既无定形，这"可"与"不可"不同的根本，先自不能存在了。孔子说："我则异于是，无可无不可。"他这句话似乎是很滑头，其实他是看出天下事无绝对的"可"与"不可"，即无绝对的成功与失败。别人心目中有"不可"这两个字，孔子却完全没有。"知不可而为"，本来是晨门批评孔子的话，映在晨门眼帘上的孔子，是"知不可而为"；实际上的孔子，是"无可无不可而为"罢了。这是我的第一层的解释。

进一步讲，可以说宇宙间的事，绝对没有成功，只有失败。

成功这个名词，是表示圆满的观念；失败这个名词，是表示缺陷的观念。圆满就是宇宙进化的终点，到了进化终点，进化便休止；进化休止，不消说是连生活都休止了。所以平常所说的成功与失败，不过是指人类活动休息的一小段落。比方我今天讲演完了，就算是我的成功；你们听完了，就算是你们的成功。

到底宇宙有圆满之期没有，到底进化有终止的一天没有？这仍是人类生活的大悬案。这场官司，从来没有解决，因为没有这类的裁判官。据孔子的眼光看来，这是六合以外的事，应该"存而不论"。此种问题和"上帝之有无"是一样不容易解决的。我们不是超人，所以不能解决超人的问题。人不能自举其身，我们又何能拿人生以外的问题来解决人生的问题？人生是宇宙的小段片，孔子不讲超人的人生，只从小段片里讲人生。

人类在这条无穷无尽的进化长途中，正在发脚蹒跚而行；自有历史以来，不过在这条路上走了一点，比到宇宙圆满时候，还不知差几万万年哩！现在我们走的只是像体操教员刚叫了一声"开步走！"就想要得到多少万万年后的成功，岂非梦想？所以谈成功的人，不是骗别人，简直是骗自己！

就事业上讲，说什么周公致太平，说什么秦始皇统一天下，说什么释迦牟尼普渡众生。现在我们看看，周公所致的太平到底在哪里？大家说是周公的成功，其实是他的失败。"六王毕，四海一"，这是说秦始皇统一天下了；但仔细看看，他所统一的到底在哪里？并不是说他传二世而亡，他的一分家当完了，就算失败。只看从他以后，便有楚、汉之争，三国分裂，五胡乱华，唐之藩镇，宋之辽金；就现在说，又有督军之割据，他的一统之功算成了吗？至于释迦牟尼，不但并没普渡了众生，就是当时的印度人，也未全被他普渡。所以世人所说的一般大成功家，实在都是一般大失败家。再就学问上讲，牛顿发明引力，人人都说是科学上的大成功，但自爱斯坦之相对论出，而牛顿转为失败。其实牛顿本没成功，不过我们没有见到就是了。近两年来欧美学界颂扬爱斯坦成功之快之大，无比矣；我们没学问，不配批评，只配跟着讴歌，跟着崇拜！但照牛顿的例看来，他也算是失败。所以无论就学问上讲，就事实上讲，总一句话说：只有失败的，没有成功的。

人在无边的"宇"（空间）中，只是微尘；不断的"宙"（时间）中，只是段片。一个人无论能力多大，总有做不完的事，做不完的便留交后人。这好像一人忙极了，有许多事做不完，只好说："托别人做吧！"一人想包做一切事，是不可能的，不过从全体中抽出几万万分之一点做做而已。但这如何能算是成功？若就时间论，一人所做的一段片，正如"抽刀断水水更流"，也不得叫做成功。

孔子说"死而后已"。这个人死了，那个人来继续。所以说继继绳绳，始能成大的路程。天下事无不可，天下事无成功。

然而人生这件事却奇怪得很。在无量数年中，无量数人，所做的无量数事，个个都是不可，个个都是失败。照数学上零加零仍等于零的规律讲，合起来应该是个大失败。但许多的"不可"加起来，却是一个"可"；许多的"失败"加起来，却是一个"大成功"。这样看来，也可说是上帝生人，就是教人做失败事的。你想不失败吗？那除非不做事。但我们的生活便是事，起居、饮食也是事，言谈、思虑也是事，我们能到不做事的地步吗？要想不做事，除非不做人。佛劝人不做事，便是劝人不做人。如果不能不做人，非做事不可。这样看来，普天下事，都是"不可而为"的事；普天下人，都是"不可而为"的人；不过孔子是"知不可而为"，一般人是"不知不可而为"罢了。

"不知不可而为"的人，遇事总要计算计算，某事可成功，某事必失败；可成功的便去做，必失败的便躲避。自以为算盘打对了，其实全是自己骗自己，计算的总结与事实绝对不能相应。成败必至事后始能下判断的；若事前横计算、竖计算，反减少人做事的勇气。在他挑选趋避的时候，十件事至少有八件事，因为怕失败，不去做了。

算盘打得精密的人，看着要失败的事，都不敢做；而为势所迫，又不能不勉强去做。故常说："要失败啦！我本来不愿意做，不得已啦！"他有无限的忧疑、无限的惊恐，终日生活在摇荡苦恼里。

算盘打得不精密的人，认为某件事要成功，所以在短时间内欢喜鼓舞的做去，到了半路上，忽然发现他的成功希望是空的，或者做到结尾，不能成功的真相已经完全暴露，于是千万种烦恼悲哀都凑上来了。精密的人不敢做，不想做，而又不能不做，结果固然不好；但不精密的人，起初喜欢去做，继后失败了，灰心丧气的不做，比前一类人更糟些。

人生在世界上，是混混沌沌的，从这种境界里过数十年，那么，生活便只有可悲，更无可乐，我们对于"人生"真可以诅咒。为什么人来世上作消耗面包的机器呢？若是怕没人吃面包，何不留以待虫类呢？这样的人生可真没一点价值了。

"知不可而为"的人怎样呢？头一层：他预料的便是失败；他的预算册子上，件件都先把失败两个字摆在当头，用不着什么计算不计算，拣择不拣择。所以孔子一生一世只是："毋意！毋必！毋固！毋我！""意"是事前猜度；"必"是先定其成败；"固"是先有成见；"我"是为我。孔子的意思就是说人不该猜度，不该先定事之成败，不该先有成见，不该为着自己。

第二层，我们既做了人，做了人既然不能不生活；所以不管生活是段片也罢，是微尘也罢，只要在这微尘生活、段片生活里，认为应该做的，便大踏步的去做，不必打算，不必犹豫。

孔子说："无适也，无莫也，义之与比。"又说："鸟兽不可与同群，吾非斯人之徒欤而谁欤？天下有道，丘不与易也。"这是绝对自由的生活。假设一个人常常打算何事应做，何事不应做，他本来想到街上散步，但一念及汽车撞死人，便不敢散步；他看见飞机很好，也想坐一坐，但一念及飞机摔死人，便不敢坐。这类人，是自己禁住自己的自由了。要是外人剥夺自己的自由，自己还可以恢复；要是自己禁住自己的自由，可就不容易恢复了。"知不可而为"主义，是使人将做事的自由大大的解放，不要作无谓之打算，自己捆绑自己。

孔子说："智者不惑，仁者不忧，勇者不惧。"不惑就是明白，不忧就是快活，不惧就是壮健。反过来说，惑也、忧也、惧也，都是很苦的。人若生活于此中，简直是过监狱的生活。

遇事先计划成功与失败，岂不是一世在疑惑之中？遇事先怕失败，一面做，一面愁，岂不是一世在忧愁之中？遇事先问失败了怎么样，岂不是一世在恐惧之中？

"知不可而为"的人，只知有失败，或者可以说他们用的字典里，从没有成功二字。那么，还有什么可惑、可忧、可惧呢？所以他们常把精神放在安乐的地方。所以一部《论语》，开宗明义便说："不亦乐乎！""不亦悦乎！"用白话讲，便是"好呀！""好呀！"

孔子说："发愤忘食，乐以忘忧，不知老之将至。"可见他做事是自己喜欢的，并非有何种东西鞭策才做的，所以他不觉胡子已白了，还只管在那里做。他将人生观立在"知不可而为"上，所以事事都变成"不亦悦乎"，"不亦乐乎"。这种最高尚最圆满的人生，可以说是从"知不可而为"主义发生出来。我们如果能领会这种见解，即令不可至于"悦乎""乐乎"的境地，至少亦可以减去许多"惑""忧""惧"，将我们的精神放在安安稳稳的地位上。这样，才算有味的生活，这样，才值得生活。

第一股做完了，现在做第二股，仍照八股的做法，说几句过渡的话。"为而不有"主义与"知不可而为"主义，可以说是一个主义的两面。"知不可而为"主义，可以说是"破妄返真"；"为而不有"主义，可以说是"认真去妄"。"知不可而为"主义，可使世界从烦闷至清凉，"为而不有"主义，可使世界从极平淡上显出灿烂。

"为而不有"这句话，罗素解释的很好。他说，人有两种冲动：(一)占有冲动,(二)创造冲动；这句话便是提倡人类的创造冲动的。他这些学说诸君谅已熟闻，不必我多讲了。

"为而不有"的意思，是不以所有观念作标准，不因为所有观念始劳动。简单一句话，便是为劳动而劳动。……

常人每做一事，必要报酬，常把劳动当作利益的交换品；这种交换品，只准自己独有，不许他人同有，这就叫作"为而有"。如求得金钱、名誉，因为"有"，才去"为"。有为一身有者，有为一家有者，有为一国有者。在老子眼中看来，无论为一身有，为一家有，为一国有，都算是"为而有"，都不是劳动的真目的。人生劳动，应该不求报酬。你如果问他"为什么而劳动？"他便答道："不为什么。"再问"不为什么为什么劳动？"他便老老实实说："为劳动而劳动，为生活而生活。"

老子说："上仁为之而无以为。"韩非子给他解释的很好："生于其心之所不能已，非求其为报也。"简单说来，便是无所为而为。既无所为，所以只好说为劳动而劳动，为生活而生活，也可说是劳动的艺术化。

老子还说："既以为人，己愈有；既以与人，己愈多。"这是说我要帮助人，自己却更有，不致损减；我要给人，自己却更多，不致损减。这话也可作"为而不有"的解释。按实说，老子本来没存"有""无""多""少"的观念，不过假定差别相以示常人罢了。

在人类生活中，最有势的便是占有性。据一般人的眼光看来，凡是为人的好像己便无。例如楚、汉争天下，楚若为汉，楚便无；汉若为楚，汉便无；韩信、张良帮汉高的忙谋皇帝，他们便无。凡是与人的好像己便少。例如我们到瓷器铺子里买瓶子，一个瓶子，他要四元钱，我们只给他三元半，他如果卖了，岂不是少得五角？岂不是既以与人己便少吗？这似乎是和"己愈有""己愈多"的话相反。然自他一方面看来，譬如我今天讲给诸君听，总算与大家了，但我仍旧是有，并没减少。再如教员天天在堂上给大家讲，不特不能减其所有，反可得"教学相长"的益处。至若弹琴、唱歌给人听，也并没损失；且可使弹的、唱的更加熟练；文学家、诗人、画家、雕刻家、慈善家，莫不如此。即就打算盘论，帮助人的虽无实利，也可得精神上的愉快。

老子又说："含德之厚，比于赤子。赤子终日号而不嗄，和之至也。"他的意思，就是说成人应该和小孩子一样。小孩子天天在那里哭，小孩子并不知为什么而哭；无端的大哭一场，好像有许多痛心的事，其实并不为什么。成人亦然。问他为什么吃？答为饿；问他为什么饿？答为生理上必然的需要；再问他为什么生理上需要？他便答不出了。所以"为什么"是不能问的，如果事事问为什么，什么事都不能做了。

老子说"无为而无不为"，我们却只记得他的上半截的"无为"，把下半截的"无不为"忘掉了。这的确是大错。他的主义，是不为什么而什么都做了，并不是说什么都不做。要是说什么都不做，那他又何必讲五千言的《道德经》呢？

"知不可而为"主义与"为而不有"主义,都是要把人类无聊的计较一扫而空。喜欢做,便做,不必瞻前顾后。所以归并起来,可以说这两种主义,就是"无所为而为"主义;也可以说是生活的艺术化,把人类计较利害的观念,变为艺术的、情感的。

这两种主义的概念,演讲完了。我很希望他发扬光大推之于全世界。但要实行这种主义,须在社会组织改革以后。……

社会之组织未变,社会是所有的社会。要想打破所有的观念,大非易事,因为人生在所有的社会上,受种种的牵掣,倘有人打破所有的观念,他立刻便缺乏生活的供给。比方作教员的,如果不要报酬,便立刻没有买书的费用。然假使有公共图书馆,教员又何必自己买书呢?中国人常喜欢自己建造花园,然而又没有钱,其势不得不用种种不正当的方法去找钱,这还不是由于中国缺少公共花园的缘故吗?假使中国仿照欧美建设许多极好看极精致的公共花园,他们自然不去另造了。所以必须到社会组织改革之后,对于公众有种种供给时,才能实行这种主义。

虽是这样说法,我们一方面希望求得适宜于这种主义的社会;一方面在所处的混浊的社会中,还得把这种主义拿来寄托我们的精神生活,使他站在安慰清凉的地方。我看这种主义恰似青年修养的一付清凉散。我不是拿空话来安慰诸君,也不是勉强去左右诸君,他的作用,着实是如此的。

最后我还要对青年进几句忠告。老子说"宠辱不惊"。这句话最关重要。现在的一般青年，或为宠而惊，或为辱而惊。然为辱而惊的，大家容易知道；为宠而惊的，大家却不易知道。或者为宠而惊的，比较为辱而惊的人的人格，更为低下，也说不定。五四以来，社会上对于青年可算是宠极了。然根底浅薄的人，其所受宠的害，恐怕比受辱的害更大吧。有些青年自觉会做几篇文章，便以为满足；其实与欧美比一比，那算得什么学问，徒增了许多虚荣心罢了。他们在报上出风头，不过是为眼前利害所鼓动，为虚荣心所鼓动，别人说成功，他们便自以为成功，岂知天下没成功的事？这些都是被成败利钝的观念所误了。

古人的这两句话，我希望现在的青年在脑子里多转几转，把他当作失败中的鼓舞，烦闷中的清凉，困倦中的兴奋。

悦读·品悟

梁启超的这两个主义"知不可而为"主义与"为而不有"主义很值得我们思考。做事应注重过程，做自己想做的，并不应过分追求结果，因为结果是相对的。比如说我们的考试，很多时候我们未必会得到一个满意的分数，但只要在过程中把我们能做的做好就足以了，也许这次的失败是在为下一次积蓄能量，所以我认为"失败是成功之母"这句话说得很对，它告诉了我们失败与成功是相对的。人的生命是有限的，在有限的生命内我们应放开胆量做更多自己喜欢的事，不应为了结果的好坏而顾虑太多。至于"为而不有"主义，还用考试举例，有些人为分数而学习,这样是不对的,知识学完有提升的是我们自己。当我们离开校园,就没有人再系统地传授给我们知识了,所以我们应珍惜眼下,做一个"为而不有"主义的人,为学习而学习。

——北京市朝阳外国语学校　秦雨竹

（指导教师:齐悦）

论思想自由[*]

周建人

作者·导读

周建人（1888—1984），字松寿，又字乔峰，浙江绍兴人，鲁迅三弟。社会活动家、生物学家。著有《略讲关于鲁迅的事情》《回忆鲁迅》《鲁迅回忆录》《科学杂谈》，译有《物种起源》（与人合译）。为陪伴孤寡在家的老母，他放弃求学机会，靠自学成材。"五四"后迁居北京，潜心研究生物学，并从事著议工作。为妇女解放作出努力，积极投身抗日并且成立中国民主促进会。

我在这里所讲的不是讲什么是思想，及思想的起来是不是绝对自由的问题。所说的只是思想发表出来后的社会的意

---

[*] 选自《初中新国文》第六册，朱剑芒辑编，世界书局1937年版。

义,即历史有着许多事实,为什么历来的人们,不许别人发表思想的。

就普通说,思想当然是自由的,他要怎样想就怎样想,有谁能禁止他心里所想?有谁能探知他心里所想的是什么呢?可是话虽如此,事实却是不然。思想原是身体的一种活动,如此一经思想,他的身体的外表,也就现出活动来。你想到从前所见的事,你的眼睛就会瞪一瞪,你如想到从前听见过的事情,那么,你便会作侧身倾听的样子;想到高兴时便会现出喜欢,想到懊恼就会现出怒容。老人家心里在想,口里便不知不觉地声音老响地说着话。可见思想是不容易抑制的一种活动了。

自己心里想想,这是"自然的自由权"之一,但人只有这一点自然的自由是不满足的。英国蒲利先生在《思想自由史》里开卷便这样说:"这点私自想想的自然的自由是少有价值的。如果他的思想不能传达于别人,他不但不满足,甚至会得觉到痛苦的。所以思想自由包括着言论自由。"

然而事实怎样呢?法国的卢梭为了要思想,要发表他的思想,他受尽压迫和困难;而苏格拉谛[①],则竟死于他要思想里,——因为他要思想,要发表他的思想。从这里可以看出压迫力量的强大,一方面也可以看出抵抗的强硬了。

这种例子从历史上查考起来是非常之多,意大利的加利里[②]的受审判便是最显著的一个。原因是这样:地动之说原本是哥

---

① 编者注:苏格拉谛,现译作苏格拉底。
② 编者注:加利里,现译作伽利略。

白尼说的，但加利里深信不疑，他的望远镜使他望见木星的月，及太阳的斑点，并且使他确信地球是在运动。他的意见终于被教会所知道了。一六一六年间宗教裁判所既判定哥白尼的学说为怪诞，且与圣书抵触，应行禁止。一面乃训诫加利里应当放弃他的意见，不得再传播哥白尼学说，否则当惩办。他当时是答应遵从了。他后来著了一本书，用问答体裁，论独立米①说和哥白尼说的，他的意思当然是认后一说为是的了。他遂因此被捉到宗教裁判所里，这时老而且病，不能不屈服他立誓过，说明他本深信独立米说（这是说地不动的）。他的著作也被禁止，直到一八三五年。

我们将如何说明这种人类的奇怪行为？为什么便是真理也不许说呢？蒲利先生把这原因归纳于"思想懒惰"之下。他说普通人的头脑总是懒惰的，他们不会得用脑力去思想。这便是只要离开习惯的话，他们便不懂得，便认为不行。又因人有恐惧的本能，恐怕新道理出来，会得怎样有害（虽然全不为害），再加上迷信，于是要反抗新思想，造成了思想自由的魔障。

但这魔障纵使利害，在西方几个文明最高的国里，思想自由自然权利，终于已经得到了，虽然"获得这权利仅在十分近年，而得这权利的路是横筑在血湖里"的，蒲利博士这样说。

现在中国的情形怎样呢？中国本来不是最高文明的国，英国戈尔登称中国是半开化，德国赫克尔称他为等于欧洲十五世

---

① 编者注：独立米，现译作托勒密。

纪的文明国，别有些人也把他排列在十五世纪的意大利、法、英一列里，自然不必说，不能取得这权利了。但是他不特不能得到自由，而且还在加重这魔障，这似乎有点可怪了。虽然已看不见有像教会压迫加利里那样的事，然而毕竟有的存在，或者正在酝酿，因此，不特离习惯稍有不同的话使他们听了，便在惊骇，这因为本能的恐惧使他吃惊，唯恐你所说的话比偷邻人的牛，爱邻家的妻子，还要有害。又有些人告诉我说，有些喜欢做诗的人会得说科学是断片知识，不足道，在诗里倒可以看见人生的全面；又有些自说为学实质科学的人，则斥文艺为小技术为玄学，见"精神""灵魂"一类字样，便斥为非科学思想，走入迷途。其实这也是压迫的一端。

可是人类的历史里明显地表示着，社会是在从压迫里出来，向着更自由的方向走，甚至发生许多苦痛与悲惨却不顾，或竟至流血也要这个权利。人们应当为这个奋斗，不要被懒惰的头脑束缚了。

悦读·品悟

自由，一向是人类所追求的最高境界，而思想自由则大部分被古往今来的勤于思考的人们所追求着。

本文以法国的卢梭、苏格拉底和意大利的伽利略作为典型，剖析了人们得到真正思想自由权力的不易，同时也向我们展示了思想自由者面对镇压顽强的反抗，说明了思想自由对一个人支撑力量的强大。

　　本文继而阐述了抵抗思想自由的原因——普通人思想懒惰，且又对新思想产生恐惧，故而要压制新思想，按照人们往常习惯的方式去生活。我认同作者的观点，不过还应该有另一个原因——抵抗思想自由同样也是统治者维护统治的手段。抨击了新思想，就是扼止了暴动的萌芽，钳制了思想，就是钳制了人们的行为和认知，就能长久地维护统治，但是往往这样的维护并不有利于历史的发展。所以为了一个国家的发展和长久，应该鼓励人们勤于思考，给予人民思想自由——就如本文所述的西方发达自由国家。

　　接着作者分析了中国的这一情况，明确指出了在中国，思想自由还是被各种形式所限制的，不过这里就不仅仅是统治者维护统治的原因做主导了，而是人民的原因——人们的对于思考的懒惰。

　　于是作者在结尾直接指出，压迫和鲜血是历史发展的必然条件，但是人们的勤于思考是历史发展的根本原因，我们应该为社会自由奋斗，不畏惧压迫和鲜血，勤于思考，努力使社会变得可以容纳思想自由和言论自由——即向着更自由的方向发展。

——北京市朝阳外国语学校　李沛洁
（指导教师：齐悦）

立志做大事不要做大官[*]

孙文

作者·导读

孙中山（1866—1925），名文，号日新，又号逸仙。中国近代革命的先行者，民主革命家，提出三民主义。著有《建国方略》《建国大纲》《三民主义》等。

诸君：

兄弟今日得来此地，对岭南大学学生会，有机会和诸君相见，我是很喜欢的。因为诸君是中华民国后起之秀，将来继续建设民国的责任，我对于诸君是很有希望的。中华民国自开创以至今日，已经有了十二年。这十二年内，无日不是在纷乱之中。

---

[*] 选自《初级中学国文甲编》第三册，国立编译馆编，国定中小学教科书七家联合供应处 1946 年版。选文仅截取了若干段，为了更好呈现原文风貌，编者对选文进行了补足。

从前有南北的分裂，现在有各省和各部分的分裂，干戈相见，糜烂不堪。这个原因是承满清政府之后，对于旧国家破坏的事业，还未成功，所以新国家便无从建设。将来破坏成功之后，继续建设成一个新民国，还要希望后起的诸君，担负那个大责任。

今天对诸君，如果专讲国家大事，那么，千头万绪，不是一两点钟可以说得完的。惟就我今天到岭南大学来，看见这个学校之内，规模宏大，条理整齐，便生有很大的感触。现在就拿这个感触，和诸君谈谈。岭南大学是在广东省，诸君在此用功，知道这个学校的规模宏大，条理整齐，教育良善，和其余的学校比较起来，不但是在广东可以说是第一，就是在中国西南各省，也可算是独一无二。为什么广东只有一个好岭南大学，没有别的好学校呢？就是在中国西南各省，也没有第二个学校和岭南大学一样呢？因为这个大学是美国人经营的，诸君在此所受的教育，是美国的教育；诸君住在这个学校之内，和在美国本国的学校没有分别。我们推测为什么美国有这样好的学校，中国没有呢？中国何以不能自己创办呢？因为欧美的文明，近二百多年来非常发达，美国近几十年来尤其进步。他们国内的情形，不但是教育办得好，就是工业、商业和一切社会事业，都比中国进步的多。中国的一切事业，到了今日，可说是腐败到了极点。腐败的原因，是在人民过于堕落，就历史上陈迹看起来，中国向来是不是都不如外国呢？从前有几朝，中国都是比外国好的，所以这个堕落的现象，不过是近来才有的。再就中国现在青年受教育的情形说，全国之内到处用兵，普通人民救死之不暇，有几多人还能够有力量送子弟去读书呢？就是青年在学校读书的，又有几多人能够像诸君有这样好的机会，在这样好的学校，受高等外国教育呢？单就广东的户口讲，人数号称三千万，如果提十分之一，也有三百万青年，应该像诸君都有受这种教育的机会。而现在只有诸君的一千几百人，才有这个机会。诸君想想，自己的机会，该是何等好呢？现在民国，人民受教育，是大家都要有平等机会的。就今日情形看来，他们不能受高等教育的，是没有平等的机会。诸君现在受这样高等教育，是诸君机会比他们好。诸君现在所享的幸福，比他们也好。将来学成之后，应该有一种贡献，改良社会，让他们以后能够得到平等的机会才对。

诸君现在受教育的时候，预想将来学成之后，有一种贡献到社会上，究竟应该做些什么事呢？诸君现在还未毕业，知识不大发达，学问没有成就，自然不能责备诸君，一定要做些什么事。但是在没有做事之先，应该有什么预备呢？应该要注意些什么事呢？依我看来，在这个时期之内，第一件是要"立志"。立志是读书人最要紧的一件事。中国人读书的思想，都以为士为四民之首，比农、工、商几种人都要高一些。二三十年以前的学生，他们有一种立志，就是在闭户自读的时候，总想：入学、中举、点翰林，以后还要做大官。我今天希望诸君的，不是那种旧思想的立志，是比那入学、中举、点翰林、做大官的志还要更大。中国几千年以来，有志的人本不少，但是他们那种立志的旧思想，专注重发达个人，为个人谋幸福，和近代的思想大不相合。近代人类立志的思想，是注重发达人群，为大家谋幸福。用事实说，我们中国青年应该有的志愿是在什么地方呢？是要把中华民国重新建设起来，让将来民国的文明，和各国并驾齐驱。我们现在的文明，都是从外国输入的，全靠外人提倡，这是几千年以来所没有的大耻辱。如果我们立志改良国家，万众一心，协力奋斗做去，还是可以追踪欧美。若是不然，中国便事事落在人后，永远不能自己发达，永远没有进步。推其极端，中国便非沦于灭亡不可。所以现在的青年，便应该以国家为己任，把建设将来社会事业的责任，担负起来。这种志愿，究竟是如何立法呢！我读古今中外的历史，知道世界上极有名的人，不全是从政治事业一方面做成功的。有在政权上一时极有势力的人，后来并不知名的。有极知名的人，完全是在政治范围之外的，简单的说，古今人物之名望的高大，不是在他所做的官大，是在他所做的事业成功。如果一件事业能够成功，便能够享大名。所以我劝诸君立志，是要做大事，不要做大官。

什么是叫做大事呢？大概的说，无论哪一件事，只要从头至尾，彻底做成功，便是大事。譬如从前有个法国人叫做柏斯多①，专用心力考察人眼所不能见的东西，那种东西极微渺，极无用处，为通常人目力之所不及。在普通人看起来，必以为算不得一回什么事，何必枉费工夫去研究它呢？但是柏斯多把它的构造、性质，和对于别种东西的关系，自头至尾，研究出来，成一种有系统的结果，把这种东西便叫做微生物。由研究这种微生

---

① 编者注：柏斯多，现译作巴斯德。

物，便发现微生物对于各种动植物的妨害极大，必须要把它扑灭才好。现在世界人类受到扑灭这种微生物的益处，不知道有多少。譬如从前的人，不知道蚕有受病的，所以常常有许多蚕吐丝不多，所获的利益极微。现在知道蚕也有受病的，蚕受了病，便不能吐丝。考察它受病的原因，是由于有一种微生物。消灭这种微生物便可医好蚕的病，乃可多吐丝。现在广东每年所吐丝加多几千万担，但许多还有不知道医蚕病的，如果都知道消灭害蚕的微生物，更可增加无限的收入，那种利益该是何等大呢？现在全世界上由于知道消灭害蚕的微生物所得的总利益，又是何等大呢？但是当柏斯多立志研究微生物的时候，他也不知道有这样大的利益。用这件故事证明的意思，便是说微生物本是极为渺小的东西，但是研究它关系于动植物的利害，有一种具体结果，贡献到人类，便是一件很大的事。柏斯多立志研究的东西，虽然说是很小，但是他彻底得了结果，便是成了大事，所以他在历史上便享大名。我们中国从前的人，都不知道像柏斯多这样的立志，只知道立志要入学、中举、点状元、做宰相，并且还有要做皇帝的。譬如秦始皇出游的时候，刘邦、项羽都看见了，便各自叹气，表示自己的志愿。项羽说："彼可取而代之。"刘邦说："大丈夫不当如是也。"他两个人的口气虽然不同，但是他们的志愿，毫没有分别。换句话说，都是想做皇帝。这种思想，久而久之，便传播到普通人群中，所以从此以后，中国人都想做皇帝，便不想做别的事。自民国成立以来，不是像袁世凯想做皇帝，便是像一般军阀想做督军、巡阅使，那也是错了。因为要达到那种地位是很不容易的，障碍物是很多的。因为他们立志，一定要达到那种地位，所以弄得杀人放火，残贼人类，亦所不惜。诸君想想：那种志愿是好是不好呢？一定是不好的，所以我们必须要消灭那种志愿。至于学生立志，注重之点，万不可想要达到什么地位，必须要想做成一件什么事。因为地位是关系于个人的。达到了什么地位，只能为个人谋幸福。事业是关系于群众的，做成了什么事，便能为大家谋幸福。近代人类的思想，是注重谋大家的幸福，我从前已经说过了。大家又知道，许多做大事成功的人，不尽是在学校读过书的。也有向来没有进过学校，却能够做成大事业的。不过那种人是有他天生的长处。普通人要求所做的事不错，必要取法古人的长处才好。所以我们要进学校读书，取古今中外的知识、才学，来帮助我们做一件大事，然后那件大事才容易成功。

  诸君又勿谓现在进农科，学耕田的学问，将来学成之后，只是一个农夫。不知道耕田也是一件大事，从前后稷教民稼穑，树艺五谷。因为稼穑是一件很有益于人民的事，他不怕劳动，去教导百姓，后来百姓感恩戴德，他便做了皇帝；说起出身来，后稷还是一个耕田佬呀！那个耕田佬也做过了皇帝呀！古时做过皇帝的人，该有多少呢？现在世人都把他们的姓名忘记了，只有后稷做过耕田佬，所以世人至今还不忘记他。现在科学进步，外国新发明的农科器具，比旧时好的多，事半功倍，只用一人之耕，可得几千人之食。诸君现在学农科的，学到成功之后，就是像外国的农夫，能够一人耕而有几千人之食，也不可以为到了止境。

必要再用更新的科学道理,改良耕田的方法,以至用一人耕,能够有几万人食,或几百万人食,那才算是有志之士。总而言之,诸君现在学校求学,无论是哪一门科学,像文学、理化学、农学,只要是自己性之所近,便拿那一门来反复研究。把其余关系于那一门的科学,也去过细参考,借用他们的道理和方法,来帮助那一门科学的发展,彻底考察,以求一个成功的结果。那么,就是像中国的后稷教民耕田,法国柏斯多发明微生物对于动植物的利害,都是功德无量的大事。

我再举一件故事说:从前有个英国人叫做达尔文,他始初专拿蚂蚁和许多小虫来玩,后来便考察一切动物,过细推测,便推出进化的道理。现在扩充这个道理,不但是一切动物变化的道理包括在内,就是社会、政治、教育、伦理等种种哲理,都不能逃出他的范围之外。所以达尔文的功劳,比世界上许多皇帝的功劳还要大些。世界上的皇帝该有多少呢?诸君多有不知道他们姓名的,现在诸君总没有一个人不知道达尔文的。所以达尔文的功,实在是驾乎皇帝之上。由这样讲来,无论什么事,只要能够彻底做成功,便算是大事。所以由考察微生物得来的道理是大事,由玩蚂蚁得来的道理,也是大事。不过我们读书的时候,必须用自己的本能做去才好。甚么是本能呢?就是自己喜欢要做的事;就自己喜欢所做的事彻底做去,以求最后的成功,中途不要喜新厌旧,见异思迁,那便是立志。立志不可有今日立一种甚么志,明日便要到一个什么地位。从前做皇帝的思想,是过去的陈迹,要根本的打破他。立志是拿一件事,彻底做成功,为世界上的新发明。如果有了新发明,世界上的地位多得很,诸君不愁不能自占一席。

我们立志,还要合乎中国国情。像四十多年前,中国派许多学生到外国去留学,尤其以派到美国的为最早。他们到了美国之后,不管中国为什么要派留学生,学成了以后,究竟于中国有什么用处,以为到了美国,只要学成美国人一样便够了。所以他们在外国的时候,便自称为什么"佐治""维廉""查理",连中国的姓名也不要。回国之后,不徒是和中国的饮食起居,不能合宜,就是中国的话也不会讲。所以住不许久,便厌弃中国,仍然回到美国。当中也有立志稍为高尚一点的,回到美国之后,仍然有继续研究学问的。不过那一种学生,对于中国的饮食起居和人情物理,一点儿也不知,所有的思想行为和美国人丝毫没有分别。所以他们不能说是中国人,只可说是美国人。至于下一等的,回到美国,便每日游手好闲,无所事事。因为不是学生,取消了官费或家庭接济,弄到后来,甚至个人的生活都不能维持:于是为非作歹,无所不做,便完全变成一种无赖的地痞。中国的留学生,不回来做中国的国民,偏要去做美国的地痞,那是有什么好处呢?甚至有在美国的时候,连中国人住的地方,都不敢去;逢人说起国籍来,总不承认是中国人。试问这种学生,究竟是何居心呢?这种学生,可以说是无志,只知道学人,不知道学成了想自己来做事。

诸君现在岭南大学,受美国人的教育多,受中国人的教育少。环顾学校之内,四围有花草树木的风景,洋房马路的建筑,这一种繁华文明的气象,比较学校以外,像大塘、康乐等处的荒野景象，真是有天壤之别呀。我们中国人现在的痛苦，每日生活，至少总有三万万人，朝不保夕，愁了早餐愁晚餐，所以中国是世界上最穷弱的国家。诸君享这样的安乐幸福，想到国民同胞的痛苦，应该有一种恻隐怜爱之心。孟子所说："无恻隐之心非人也。"这是诸君所固有的良知。诸君应该立志，想一种什么方法来救贫救弱，这种志愿，是人人应该要立的。要大家担负救贫救弱的责任，去超渡同胞。如果大家都有这种志愿，将来的中国，便可转弱为强，化贫为富。

许多外国留学生回来，都说外国现在有这样文明的缘故，是由于他们有一种特长。说这样话的人，是自己甘居下流，没有读过中国历史，不知道中国几千年都是文物之邦，从前总是富强，现在才是贫弱。就这项观念，和外国比较起来，现在的中国，不但是最贫弱的国家，并且是最愚蠢的国家。事事都要派人到外国去学，这还不是件耻辱的大事吗？中国派学生到外国去留学，最先的是到美国，次是到欧洲各国，最多的是在日本。极盛的时候，人数有三万多。因为世界上无论哪一国，没有在同时候派往到一国的学生，有这样多的人数，我当时便很以为奇怪。因为这个问题，遂考查以往的历史，于无意中查得唐朝建都西安的时候，京城内的外国留学生，也同时有三万多人。这三万多人中，日本派了一万多人，其余有波斯人、罗马人、印度人、阿拉伯人及其他欧洲人。由此可见唐朝的时候，世界上以中国人为最有智识，所以各国都派人到中国来留学。日本人学了之后，把自己国内的制度都改成中国制度，就是现在的宫室、衣服和一切典章、文物、制度，和中国的还没有分别，那都是唐朝的旧制度。那时候中国的领土，差不多统一亚洲大陆，西边到了里海。由这样讲来，我们的祖宗是很富强的。为什么现在贫弱一至于此呢？为什么没有方法变成像外国一样的富强呢？推究这个原因，是由于现在的人不能振作。不能振作便是堕落，堕落是很不好的性质，我们必要消灭他才好。至于说到中国人固有的聪明才智，现在留学美国的学生，都是和美国人同班，在全美国之内，无论哪个学校内的哪一班学生，每学期成绩平均的分数，中国的学生，都是比美国的学生还要更好些，这是美国人共同承认的。用历史证明，中国是富强的时候多，贫弱的时候少；用民族的性格证明，中国人实在是比外国人优。弄到现在国势像这样的衰微，自然不能不归咎于我们的堕落，因为堕落所以便不能振作。

怎么样去图国家的富强？我们要图国家富强，必须要自己振作精神，大家团结起来，共同向前去奋斗。万不可自私自利，只知道要自己到什么地位，不知道国家到什么地位。我们有了这项志气，便是国民志气。中国二百多年以前，亡国过一次，被满洲人征服了，统治二百多年，事事压制，摧残民气，弄到全国人民俯首下心，不敢振作。我们近来堕落的原因，根本上就在乎此。十二年以前，我们革命党才把满人的政府推翻，不受满人的束缚，但是还受许多外国人的束缚。因为当满清政府的末年，他们知道自己不能有为，恐怕天下失到汉人的手内，所以他们主张"宁赠朋友，不送家奴"。把中国的领土主权，都送给许多外国人。我们汉族光复之后，本可以成独立国，但是因为满清政府送领土、主权到外国人手内的契约，还没有拿回来，所以至今还不能独立。大家知道高丽亡到日本，安南亡到法国。高丽、安南都是亡国，高丽人、安南人都是很痛苦的。我们中国的地位是怎么样呢？简直比高丽、安南的地位还要低。因为高丽只做日本的奴隶，安南只做法国的奴隶。他们虽然亡了国，但只做一国的奴隶。我们领土主权的契约，现在都押在各国人的手内，被各国人所束缚，我们此刻实在是做各国人的奴隶。请问诸君，是做一人的奴隶痛苦些呀？还是做众人的奴隶痛苦些呢？当然是做众人的奴隶痛苦些。因为做一人的奴隶，只要摇尾乞怜，顺承意旨，便可得主人的欢心。做众人的奴隶，便有俗话说"顺得姑来失嫂意"的困难。你们看如何应付一切呢？所以我们的地位，比高丽人的、安南人的还要低。如果高丽、安南有了水旱天灾，日本、法国去救济他们，视为义务上应该做的。好像从前美国南方几省，蓄黑奴的制度，黑奴有应该受主人衣、食、居三种的好处。现在中国如果有了水旱天灾，外国人捐到二三百万，他们不以为是应尽的义务，还以为是极大的慈善。日本、法国待高丽、安南，他们不以为是慈善呀。所以我们现在做许多外国人的奴隶，只有奉承他们的义务，不能享他们的权利。

现在白鹅潭到了十几只外国兵船，他们的来意，完全是对于我们示威的。这种大耻辱，我们祖宗向来没有受过的。今日兵临城下，诸君是学者，为四民之首，是先觉先知，担负国家责任，应该有一种什么办法，可以雪此大耻辱呢？可以挽救中国呢？诸君现在求学时代，应该从学问着手，拿学问来救中国。究竟要用什么方法呢？诸君现在学美国的学问，考美国历史。美国之所以兴，是由于革命而来。美国当脱离英国的时候，人民只有四百万，土地只有十三省，完全为荒野之地。就人数说，不过中国现在的百分之一。中国现在有四万万人，土地有二十二行省，物产非常丰富。如果能步美国革命的后尘，美国用那样小的根本，尚能成今日的大功业。中国人多物富，将来的结果，当然比美国更好。美国用百分之一的人数，开辟荒土，寻到国家富强，经过了一百多年。用比例的通理说来，我们用百倍的人数，整顿已经开辟的土地，要国家富强，只要十年。我们要达到这个目的，就要诸君立国家的大志，学美国从前革命时候的人一样，大家同心协力去奋斗。但是诸君学美国，切不可像从前的美国留学生，只要自己变成美国人，不管国家，必须利用美国的学问，把中国化成美国。因为国家的大事，不是一个人单独能够做成功的，必须要有很多的人才，大家同心做去，那才容易。要有很多的人才，那么，造就人才的好学校，不可只有一个岭南大学。广东省必要几十个岭南大学，中国必要几百个岭南大学，造成几十万或几百万好学生，那才于中国有大利益。如果只要自己学成美国人，便心满意足，不管国家是怎样，我们走到外国，他们还是笑我们是卑劣的中国人呀。因为专就个人而论，中国人面黄，美国人面白，无论诸君怎么学法，我们的面怎么样可以变颜色呢？诸君又再有什么方法去学呢？我们要好，须要全国的人民大众都好，只要把国家变成富强，是世界上的头等国，那么，我们面色虽然是黄的，走到外国，自己承认是中国人，还不失为头等国民的尊荣。

诸君今天欢迎我来演讲，我贡献诸君的，就是要诸君立志，要有国民的大志气，专心做一件事，帮助国家变富强。这个要中国富强的事务，就是诸君的责任；要诸君担负这个责任，便是我的希望。

悦读·品悟

"立志做大事不要做大官"，初看题目时，原以为是勉励当代青少年的，待细细阅读时才发现此文虽写于民国时期，但仍适用于当代青少年，同样可以使我们受益匪浅。

当今时代，有多少的贪官污吏，所有的人都在批判他们，但实话实说，如果给那些批判贪官的人一次贪污的机会，那些人能保证两袖清风吗？又有多少人内心深处想的是"立志做大官不要做大事"呢？可以说，所有人都排斥贪污，但所有人却又都向往能贪污的权利。

那究竟又是什么原因造成了我们中国人的这种性格呢？从小有一个远大的志向难道不是一件好事吗？答案是肯定的。一个宏大的目标固然是前进的动力，但这个目标若只是"成为一个大官"或是"赚很多钞票"的话，就势必会对我们今后前进的步伐产生不利的影响。因此，我们应将目标锁定为"做一件大事"，而不是"做一个大官"。

我想，如果所有人都深入理解了这一点的话，那文中"国富民强"也就指日可待了。

——北京市朝阳外国语学校　冷静怡

（指导教师：齐悦）

春天与其力量*

［俄］爱罗先珂著　周作人译

作者·导读

爱罗先珂（1889—1952），俄国诗人，世界语者，童话作家。童年时因病双目失明。25岁离开俄国本土，先后在暹罗（今泰国）、缅甸、印度、日本等地漂泊。1922年2月，来北京大学教授世界语，借住在周氏兄弟八道湾住宅里。周作人多次陪同爱罗先珂到北京各校讲学，并做翻译。周作人（1885—1967），原名櫆寿（后改为奎绶），字星杓，浙江绍兴人，是鲁迅（周树人）之弟，周建人之兄，作家。

朋友们，春天和我们同在了。他主宰我们的田野和我们的

---

* 选自《新中华初中教科书国语与国文》第四册，朱文叔编，新国民图书社1929年版。

园,他统治各处地方。他还要穿到人们的冷的心里了,还要去敲在黑暗与冷淡里假寐着的灵魂的门。他用了一片绿的天鹅绒的毯盖住我们的田野;他用了美而且香的花装饰我们的园;他使鸟唱恋爱的歌,他使小河低语希望的话,他使柔和的晚风给失望的心带回他秘密的亲爱的梦。他使我们忘却了长而冷的冬夜的一切孤寂,冷而暗的冬天的心的背叛;到田野山林里去的每回的散步,对我们表示一个美之新的世界;每个夜间,在那时新月对了疲倦的大地送下他温柔的银色的接吻,都是一个新的启示!

我相信,你们各人都爱春天,同我一样的热烈;你们各人都比我更明白的知道他的秘密,比我更深的感到他的可惊的美。

但是倘若春天用了美丽的绿的毡毯盖住我们的田野,倘若用了香的花装饰我们的园,倘若他在我们孤寂的心里唤醒新的精力,倘若他对于我们的绝望的灵魂给予新的气力,在同时候他又在海上和高山里,兴起怎样有害的狂风、怎样危险的暴风啊!春天又把怎样的破坏的急流,从那堆积着冰雪经过了许多长的冬月的山里,冲到开豁的山谷里去,他把怎样的灾害的洪水散布于沿河的地域啊!

在每年的春天,有多少船坏在海上,多少性命丧在山里,多少桥被流去,多少水磨和村庄被半毁了?

但是要使得几只船不毁坏,几条性命不丧失,要使得许多桥梁、水磨和村庄保全了,——那么我们情愿春天永不会来,带着冰雪的冷的冬天应当永久存留吗?决不然的。我们所愿望的只是在全国里造起许多沟渠和蓄水池，让春天的水流到国里最远的角落去，使荒芜不毛的地变成丰饶；那么春天的洪水，正如尼罗河的洪水之于埃及，可以成为人民的大的祝福而不是一个诅咒了。

人类的历史正如任何国民的历史一样，可以分作多少的大的年岁，或大的时代，如我们普通所说；每一个这样的时代各有他自己的春天，以及他的秋天和冬天。

新时代的这样一个春天正在地上的时候，人们的心跳的比平常更快，头脑动作得更活泼，感觉更为锐敏，情感更为强烈，人的道德更为有效，他的坏处和过失也更为厉害了。每个新时代的春天使人类的活动增加气势，将大的精力灌注到人生一切的机能里去。他使诗人去寻求一种新的表现、新的节奏、新的和谐的韵，做他的美丽的诗；他使画家去寻求新的奇妙的色彩，光与影的新的奇妙的配合；他使雕刻家在少年女子里看出美丽的威奴思[1]，在少年男子里看出神一般的亚颇罗[2]；他使音乐家能够把小河的低语和白杨的私语放到快活的谐调里，把月光温柔的银色的洪流收入不朽的琴歌里去；他使建筑家用了花岗石块唱出崇高的心灵的颂歌，用了大理石和青铜为人类的幸福而祈祷；他使哲学家能够对于人生不可能的问题得到一个新的解决，对于人类的切迫的疑问得到一个新的答案。这样的是人类历史上一个新时代的春天的可惊的力量。但是倘若在人民爱文学、重

---

[1] 编者注：威奴思，即 Venus，美与恋爱之女神，现译作维纳斯。

[2] 编者注：亚颇罗，即 Apollo，太阳之神，又是生长和青春之神，现译作阿波罗。

美术、努力自由的思想与行动的国里，春天能够增补他们的精神，精练他们的智慧，更新他们的艺术；他又能兴起怎样的暴怒的狂风，在那些国里，专制已经冻住了一切的自由思想，压迫已经止住了一切高尚理想的自由的流通！新的春天将兴起怎样的纵肆的忿怒与狂乱的风暴，在那地方，旧的和新的迷信的压制、族长的传统与国民的习惯的专断曾经将镣铐加在人们的心上，使他们不能感觉什么，加在脑上，使他们不能自由的思想；将束缚加在女人的脚上，使她们不能自由行动，将眼镜加在少年的眼上，使他们不能看见比鼻子更远的东西！春天将使怎样的新思想的破坏的急流冲过这样的国土的上面，他将使怎样的灾害的洪水散布于那里！多少青年的生命丧失了，多少无辜的人民死亡了，多少巨大的屋宇毁坏了，在这样坚冻的专制独断压制的国土的春天里！但是要使得许多青年的生命不丧失，许多无辜的人民不死亡，要使得古代的巨大的屋宇不毁坏，在这样的有古旧的迷信、国民的传统，和各种成见的国里，——那么我们情愿这更新的春天永不会来，情愿专制与愚昧永久留存在这不幸的地球上吗？决不然的。我们所愿望的，只是去开筑许多新沟渠，将旧有的修得更宽更深，使那新思想新理想的春天的急流，可以深广的流进到我们的社会与个人的生活里去，增加一种新的气势和活力。

朋友们，你们觉到我们正生在一个新的大时代的春天吗？倘若我们没有听到几许受这新春的感兴的诗人与美术家，我们确已听到了不少的灾害的狂风与风暴、滚过全世界的破坏的急流与洪水了。倘若你感到了新春的微风，倘若你听到了春天的风暴与急流的远远的呐喊,在这时候你正做着什么,或者预备去做些什么呢?

在每年里,春天是最忙的时节,这是用了犁和锄去工作的时节,是播种子,是种植及迁移花木的时节。我们在春天所播种的,我们在收成的时候就可以收获。全年的幸运都依靠我们的春天的工作,饥荒缺乏以及一国的别的一切不幸的根也都长在春天里。人类历史上的春天也是如此:每个新时代的春天的工作,严密的决定全时代的发达的界限,他的一切造就与其失败。

朋友们,你们将要在自己的思想的田里播下什么种子呢?那是对于真与美的爱、对于知识的渴慕的种子呢,还是对于习惯与俗恶的奢华的爱、对于名誉与金钱的贪欲、对于安乐与舒服的生活的渴慕的种子呢?

你们将要用了什么花去装饰自己心灵的园呢?那是诚实、温和与谦逊的花,还是诈伪、粗鲁与骄傲的花呢?

你们将要去种在自己的心的树林里的是什么树木呢?那是同情、爱与友情的树,在他的荫里你可以得到休息,在干枯的日子,在为了你的理想而力战之后,——或者那些树是憎恨、嫉妒与自私的树,他有一天将长大起来,使你的生活和别人的生活都不可堪,而且有一天必将倒在你的身上,给悲惨的生活做一个悲惨的结局?

其次,我想问一声,你们将要在国民的思想的田里播下什么种子呢?那是刚勇、对于正义的爱、对于自由的渴慕的种子,还是卑鄙的等着机会的便宜主义、对于快乐的贪欲的种子呢?你们将要用了什么花去装饰国民的心灵的园呢？那是勇敢、坚定、正直与诚信的花，还是野心、谄媚、轻信与自满的花呢？

你们将要去种在国民的心的树林里的是什么树木呢？那是广阔的、国际的、人道主义的感情，在自己国民间的平等与友爱，对于艺术与科学的爱的树呢，还是那狭隘的、民族的妒忌，凶残的竞争，对于弱者、贫者的政治与经济的压迫，对于民族的古旧的迷信、传统与习俗的执着的树呢？

朋友们，正如我们自己的幸福与好运倚靠我们在自己的心里播下的种子一样，我们国民的幸福与好运也正倚靠在新的时代的春天所播的种子上。还有一件事情，我想请你们好好的留意：倘若播种的时期已经过去，譬如在夏天或冬天想去耕田以及下种，这在农夫实在只是白费工夫与精力了；所以同样这也是时间与精力的耗费，如在祝福的春季已过，惯性之干枯与反动之寒气主宰着国土的时候，还想去播种在人民的心里。

朋友们，我想，——虽然我希望我是错误，——新时代的春天现今正在很快的过去，反动和惯性不久就将支配全世界了。让我们不要失却时光，让我们去工作，因为只有在宽阔的播下了种子的国里，我们才能希望——不管那些惯性与反动，——得到一个丰满的收成，与幸福及好运的一年。

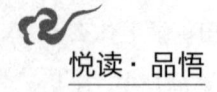

悦读·品悟

这篇文章是诗人爱罗先珂的作品，全篇文章围绕春天展开。

春天，带给人无限希望与温暖的季节，在冰冷的冬天之后，世界迎来了彩色，不再是单调的黑白。天气回暖，冰河融化，嫩草出芽，一片欣欣向荣的景象，这也许就是众多人喜爱春天的原因，万物复苏，生机勃勃。但同样，春天也会带给人们无限的困扰：融化的冰河化作猛兽冲向村庄与田野，覆盖住那一片嫩绿，冲毁那层层房屋，淹没一个个人，这都是春天带给人们的灾害。但是单单因为春天会带来洪水，那我们就要拒绝春天的到来了么？爱罗先珂否定了这一观点，相信我们每个人都会摇头说不吧。就像革命，我们不知道是否会成功，是否有益于人民，但我们还是要坚持走下去，不论多艰难，这都是一条不可放弃的路，因为这是一条充满希望的路，是解放之路，这是爱罗先珂一直坚信的。我们要在万物复苏之际，播种下象征着温和、爱、同情、正义的种子，细心浇灌，相信在这些种子发芽的时候，春天才会是真正的春天吧。

同时我们也要知道，春天不会一直在原地等我们。如果我们没有抓住这次的春，下一次与我们就间隔了夏秋冬。在最好的春天，播下最好的种子，沐浴最好的阳光，坚持最好的信念，我们会得到最好的果实。

——北京市朝阳外国语学校　王瑞

（指导教师：齐悦）

谈 动[*]

朱光潜

作者·导读

朱光潜（1897—1986），笔名孟实、盟石，安徽桐城人。美学家、文艺理论家、教育家、翻译家。曾任北京大学教授、文学院代院长，中国美学学会会长。著有《悲剧心理学》《文艺心理学》《西方美学史》，译有黑格尔《美学》等。

朋友：

从屡次来信看，你的心境近来似乎很不宁静。烦恼究竟是一种暮气，是一种病态，你还是一个十八九岁的青年，就这样颓唐沮丧，我实在替你担忧。

一般人欢喜谈玄。你说烦恼，他便从"哲学辞典"里拖出

---

[*] 选自《开明国文读本参考书》第三册，王伯祥编，开明书店1933年版。

"厌世主义""悲观哲学"等等堂哉皇哉的字样来叙你的病由。我不知道你感觉如何,我自己从前仿佛也尝过烦恼的况味,我只觉得忧来无方,不但人莫之知,连我自己也莫名其妙,哪里有所谓哲学与人生观!我也些微领过哲学家的教训。在心气和平时,我景仰希腊廊下派哲学者,相信人生当皈依自然,不当存有嗔喜贪恋;我景仰托尔斯泰,相信人生之美在宥与爱;我景仰白朗宁,相信世间有丑才能有美,不完全乃真完全;然而外感偶来,心波立涌,拿天大的哲学,也抵挡不住,这固然是由于缺乏修养,但是青年们有几个修养到"不动心"的地步呢!从前长辈们往往拿"应该不应该"的大道理向我说法。他们说,像我这样一个青年应该活泼泼的,不应该暮气沉沉的,应该努力做学问,不应该把自己的忧乐放在心头。谢谢罢,请留着这副"应该"的方剂,将来患烦恼的人还多呢!

朋友,我们都不过是自然的奴隶,要征服自然,只得顺从自然。违反自然,烦恼才乘虚而入。要排解烦闷,也须得使你的自然冲动有机会发泄。人生来好动,好发展,好创造。能动,能发展,能创造,便是顺从自然,便能享受快乐。不动,不发展,不创造,便是摧残生机,便不免感觉烦恼。这种事实在流行语中就可以见出,我们感觉快乐时说"舒畅",感觉不快乐时说"抑郁"。这两个字样可以用作形容词,也可以用作动词。用作形容词时,他们描写快或不快的状态,用作动词时,我们可以说他们说明快或不快的原因。你感觉烦恼,因为你的生机被抑郁;你要想快乐,须得使你的生机能舒畅,能宣泄。流行语中又有"闲愁"的字样，闲人大半易于发愁，就因为闲时生机静止而不舒畅。青年人比老年人易于发愁些，因为青年人的生机比较强旺。小孩子们的生机也很强旺，然而不知道愁苦，因为他们时时刻刻的游戏，所以他们的生机不至于被抑郁。小孩子们偶尔不很乐意，便放声大哭，哭过了气就消去。成人们感觉烦恼时也还要拘礼节，哪能由你放声大哭？吃黄连苦在心头，所以愈觉其苦。歌德少时因失恋而想自杀，幸而他的文机动了，埋头两礼拜著成一部《维特之烦恼》，书成了，他的气也泄了，自杀的念头也打消了。你发愁时并不一定要著书，你就读几篇哀歌，听一幕悲剧，借酒浇愁，也可以大畅胸怀。从前我很疑惑何以剧情愈悲而读之愈觉其快意，近来才悟得这个泄与郁的道理。

总之，愁生于郁，解愁的方法在泄，郁由于静止，求泄的方法在动。从前儒家讲心性的话，从近代心理学眼光看，都很粗疏，只有孟子的"尽性"一个主张，含义非常深广。一切道德学说都不免肤浅，如果不从"尽性"的基点出发。如果把"尽性"两字懂得透彻，我以为生活目的在此，生活方法也就在此。人性是复杂的，可是人是动物，基本性不外乎动。从动的中间我们可以寻出无限快慰。这个道理我可以拿两种小事来印证：从前我住在家里，自己的书房总欢喜自己打扫。每看到书籍零乱，灰尘满地，你亲自去洒扫一过，霎时间混浊的世界变成明窗净几，此时悠然就座，游目骋怀，乃觉有不可言喻的快慰。再比方你自己是欢喜打网球的，当你起劲打球时，你还记得天地间有所谓烦恼吗？

你大约记得晋人陶士行①的故事。他老来罢官闲居，找不得事做，便去搬砖。晨间把一百块砖由斋里搬到斋外，暮间把一百块砖由斋外搬到斋里。人问其故，他说："吾方致力中原，过尔优逸，恐不堪事。"他又尝对人说："大禹圣人，乃惜寸阴，至于众人，当惜分阴。"其实惜阴何必定要搬砖，不过他老先生还很茁壮，借这个玩意儿多活动活动，免得抑郁无聊罢了。

朋友，闲愁最苦！愁来愁去，人生还是那么样一个人生，世界也还是那么样一个世界。假如把自己看得伟大，你对于烦恼，当有"不屑"的看待；假如把自己看得渺小，你对于烦恼当有"不值得"的看待；我劝你多打网球，多弹钢琴，多栽花木，多搬砖弄瓦。假如你不喜欢这些玩意儿，你就谈谈笑笑，跑跑跳跳，也是好的。就在此祝你

谈谈笑笑，

跑跑跳跳！

你的朋友孟实

悦读·品悟

都说少年不识愁滋味，也许真的是这样吧。虽然不是总会"为赋新词强说愁"，但每个年纪都有各自的烦心事——小孩子

---

① 编者注：陶士行，即陶侃，东晋名将。

因坏掉的玩具而苦恼，青少年为了成长的问题而神伤，成年人每每为生活所迫。因为天生好静，喜欢把光阴浪费在静静地思考上，我也许比同龄人要多一些烦恼，或者总会比他们在各种烦恼中多沉浸一些时间；这个世界给我的伤害越多，我却偏偏越喜欢在某个安静的午后回味这些痛苦，我也相信这个世界有丑才能有美；然后起身做一些小事情，整理平日收集的小东西，弹一首小曲子。有些朋友羡慕我冷静，"有思想"，可这并非总是一件好事。有一点倒是真的，可能我的心境着实比同龄人要宁静一些，我也会在回忆之后排解——"弹钢琴，栽花木，搬砖弄瓦"，读到这里也微微笑了一笑，作者着实是个可爱的人，这些事情碰巧我也会去做。这些事情既是"闲"也是"动"，比整日闲得杞人忧天或动辄惶惶不可终日要自在得多。我们都是自然的奴隶，与其极力与生活中的烦恼痛苦斗争，不如安然做一名悠闲又好动的奴隶。来吧朋友，我们应该快乐一些，拿得起放得下。动起来，做一些快乐的小事情，也做一些快乐的大事情。时间正等待我们去"浪费"。

——北京市朝阳外国语学校　喻明玥

（指导教师：齐悦）

四

生活之网

窗子以外[*]

林徽因

作者·导读

林徽因（1904—1955），又名徽音，福建闽侯人。女作家、建筑学家。先后在美国宾州大学美术学院、耶鲁大学戏剧学院学习建筑学和舞台美术设计。主要著作有《林徽因诗集》，小说《九十九度中》《吉公》，剧本《梅真和他们》等。

话从哪里说起？等到你要说，什么话都是那样渺茫地找不到个源头。

此刻，就在我眼前坐着是四个乡下人的身影：一个头上包着黯黑的白布，两个褪色的蓝布，又一个光头。他们支起膝盖，

---

[*] 选自《开明新编国文读本》甲种第五册，叶绍钧、周予同、郭绍虞、覃必陶合编，开明书店1947年版。

半蹲半坐的,在溪沿的短墙上休息。每个人手里有些简单的东西:一个是白木棒,一个是篮子,那两个在树荫下,我看不清楚。无疑的他们已经走了许多路,再过一刻,抽完一杆旱烟以后,还要走许多路。兰花烟的香味频频随着微风送过来,还有几段山西梆子的声调,虽然那四个人坐的地方是在廊子的铁纱窗以外。

铁纱窗以外,话可不就在这里了?永远是窗子以外,不是铁纱窗就是玻璃窗,总而言之,窗子以外。

所有的活动的颜色声音和生趣,生的滋味,全在那里:你并不是不能看到,可是永远隔在你的窗子以外。多少方里的平原土地,多少叠起伏的山峦,从窗子外映进你的眼帘,那是多少生命日夜在活动着的所在。每一根青的麦黍,都有人流过汗,每一颗黄的什么米粟,都有人吃去。其间还有的是周折,是热闹,是紧张,全都在窗子以外演着。

你坐在书房里,窗子以外的景物本就有限:那里两树马缨,几棵丁香,榆叶梅横出风的一大枝,海棠因为缺乏阳光,每年只开过两三朵,早就叶子上满是虫蚁的创痕,还卷起焦黄的边。廊子上开着扇子式的梅花式的六边形的格子窗,透过外院的日光和杂音。送煤的来了,你偶然看见一两个被煤炭染黑的脸;送米的来了,一个人掮着个大口袋在背上,慢慢地经过屏门;还有自来水公司、电灯公司、电话公司来收账的,胸口斜挂着皮口袋,手里推着一辆自行车;更有时厨子来个朋友了,满脸的笑容,"好呀,好呀"地走进门房;什么赵妈的丈夫来拿钱了,那准是每月一号。早来了你就听得两人争吵的声音。哪一样不是有颜色，声音，生趣的活动，可是总和你隔个窗子，——扇子式的，六边形的，铁纱的，玻璃的。

你气闷了把笔一搁说，这叫做什么生活！你站起来，穿上不算太贵的鞋袜，但这双鞋和袜的价钱也就比——想它做什么，反正有人每月的工资只有这价钱的一半乃至更少的。你出去雇洋车了，拉车的讨的价钱当然比例价高得多，难道你就傻子似的答应下来？不，三十二子，拉就拉，不拉，拉倒！心里也明白，如果真要充内行，你就应该说二十六子，拉就拉——但是你好意思吗！

车轮转动了，世界仍然在你窗子以外。长长的一条胡同，一个个大门紧紧地关着。就是有开的，也只露出一角，隐约可以看到里面的南瓜棚子，底下一个女的，坐在小凳上缝缝缀缀的；另一个，抓住还不能走路的小孩子，伸出头来喊那过路卖白菜的。至于白菜多少钱一斤，那你是听不见了，车子早已拉得老远，并且你也无须乎知道的。在你每月费用之中，伙食只占一部分。在那一笔伙食费里，白菜又是多么小的一个数。难道你知道了门口卖的白菜多少钱一斤，真把哭丧着脸的厨子叫来申斥一顿，告诉他每斤白菜他多开了你一个"大子儿"？

车越走越远了，前面正碰着粪车，你立刻拿出手绢来，皱着眉，把鼻子蒙得紧紧的，心里不知怨谁好。怨天做事太古怪，好好的稻麦却需要粪来浇！怨乡下人太不怕臭，不怕脏，发明那么两个篮子，放在鼻前手车上，推着慢慢走？怨城里行政人员不认真办事，如此肮脏不卫生的旧习不能改良，十余年来对这粪车难道真无办法？为着强烈的臭气隔着你窗子边不远，你总想到社会卫生事业如何还办不好。

路渐渐好起来，前面墙高高的是个大衙门，这里你简直不止隔个窗子。这一带高高的墙是不通风的。你不懂里面有多少办事员，办的都是什么事；有多少浓眉大眼的，对着乡下人做买卖的吆喝诈取；又有多少脸黄黄的可怜虫，混半碗饭分给自家吃。自欺欺人，里面天天演的到底是什么把戏？但是里面如果真的有两三个人拼了命在那里奋斗，为许多人争一点便利和公道，你也无从知道。

到了热闹的大街了，你仍然像在特别包厢里看戏一样，本身不曾也不必参加那出戏，你只倚在栏杆上作审美的领略，你有的是一片闲暇。但是如果洋车夫问你在哪里下来，你会吃一惊，仓卒不知所对。生活所最需要的你并不缺乏什么，你这出来也正是不必需的活动。

偶一抬头，看到街心和对街铺子前面那些人，他们都是急急忙忙的，在时间金钱的限制下采办他们生活所必需的。两个女人手忙脚乱地在监督着店里的伙计称秤。二斤四两，二斤四两的什么东西，且不必去管，反正由那两个女人的认真的神气上面看去，必是非同小可，性命交关的货物。并且，如果少一点时，那两个女人为那点吃亏的分量必定感到重大的痛苦；如果称得多时，那伙计又知道这年头那损失在东家方面真不能算小。于是两边的争执是热烈的，必需的，大家声音都高一点；女人脸上呈玫瑰红色，头发披下了一缕，又用手掠上去；伙计却维持着客气，口里嚷着：错不了，错不了。

在车马纷纭的街心里，忽然你的车边冲来两个人；男的，女的，各各提起两脚快跑。这又是干什么的，你心想奇怪着电车正在拐大弯。那两个人由轨道旁边擦过去，一面追着，一面向电车上卖票的说话。电车是不容易赶的，你在洋车上真不禁替那街心里奔走赶车的担心。但是你也知道如果这趟没赶上，他们就可以在街旁站个半点来钟，那些宁可望穿秋水不雇洋车的人，也就是因为他们的生活而必需计较和节省到洋车价钱同电车价钱相差的那个数目。

此刻洋车跑得很快，你心里继续着疑问你出来的目的，到底采办一些什么必需的货物。眼看着男男女女挤在市场里面，门首出来一个又进去一个，手里都拿着包包裹裹，包裹里边虽然不会全是他们当日所必需的，但是如果当中夹着一盒稍微奢侈的物品，也必是他们生活中间闪着亮光的一个愉快。你不是听见那人说么？里面草帽，一块八毛五，贵倒贵点，可是"真不赖"！他提一提帽盒向着打招呼的朋友，他摸一摸他那剃得光整的脑袋，微笑浮在他全个脸。那时那一点迸射着光闪的愉快，当然归他享受，没有一点疑问，因为天知道，这一年中他多少次地克己省俭，使他赚来这一次美满的，大胆的奢侈！

那点子奢侈在那人身上所发生的喜悦，在你身上却完全失掉作用，没有闪一星星光亮的希望！你想，整年整月你所花费的，和你那窗子以外的生活一比较，严格算来，可不都是非常靡费的用途？每奢侈一次，你心上只有多难过一次，所以车子经过的那些玻璃窗口，只有使你更惶恐，更空洞，更怀疑，彷徨不知所措。并且看了店里那些形形色色的货物，除非你真是傻子，难道不晓得它们多半是从哪一国工厂里制造出来的！奢侈不能给你愉快，每一尺好看点的纱料，每一件新鲜点的工艺品，只有增加你的戒惧烦恼。

你诅咒着城市生活，不自然的城市生活！检点行装说，走了，走了，这沉闷没有生气的生活，实在受不了，我要换个样子过活去。健康的旅行既可以看看山水古刹，又可以知道点内地纯朴的人情风俗，走了，走了，天气还不算太坏，就是走他一个月六礼拜也是值得的。

没想到不管你走到哪里，你永远免不了坐在窗子以内的。不错，许多时髦的学者常常骄傲地带上"考察"的神气，架上科学的眼镜，偶然走到一个陌生的地方瞭望，但那无形中的窗子是仍然存在的。不信，你检查他们的行李，有谁不带着罐头食品，帆布床，以及别的证明他们还在窗子以内的种种零星用品，你再摸一摸他们的皮包，那里少不了有些钞票；一到一个地方，他们有的是自己的小小世界。不管你的窗子朝向哪里望，所看到的多半则仍是在你窗子以外，隔层玻璃，或是铁纱！隐隐约约你看到一些颜色，听到一些声音，如果你私下满足了，那也没有什么，只是千万别高兴起说什么接触了认识了若干事物人情，天知道那是罪过！

你是仍然坐在窗子以内的，不是火车的窗子，就是客栈逆旅的窗子，再不然就是你自己的窗子，把你搁在里面。接触和认识实在谈不到，得天独厚的闲暇生活先不容许你。一样是旅行，如果你背上背的不是照相机而是一点做买卖的小血本，你就需要全副的精神来走路：你得留神投宿的地方；你得计算一路上每吃一次烧饼和几颗沙果的钱。遇着同行的战战兢兢地打招呼，互相捧出诚意，遇着困难时好互相关顾帮忙。到了一个地方你是真带着整个血肉的身体到处碰运气，紧张的境遇不容你不奋斗，不与其他奋斗的血和肉相接触，直到经验使得你认识。

前日公共汽车里一列辛苦的脸，那些谈话里面就有很多生活分量。陕西过来作生意的老头对那旁坐的那份客气，是不得已的。棉背心的老太婆默默地夹住一个蓝布包袱，一个钱包，是用尽她的全副本领的，果然到了冀村，她错过站头，还亏别个客人替她要求车夫，将汽车退行两里路，她还不大相信地望着那村站，口里噜嗦着这地方和上次如何两样了。开车的一面发牢骚一面爬到车顶替老太婆拿行李，经验使得他有一种涵养，行旅中少不了有认不得路的老太太，这个道理全世界是一样的，伦敦警察之所以特别和蔼，也是从迷路的老太太孩子们身上得来的。

话说了这许多，你仍然在廊子上坐着，窗外送来溪流的声响，兰花烟味早已消失，四个乡下人这时候当已到了上流庆和磨坊前面。昨天那里磨坊的伙计很好笑地满挂着麦粉，让你看着磨坊的构造；坊下的木轮，屋里旋转着的石碾，又在高低的院落里，带你看你所不经见的农具，鉴赏院中的一棵老树、一丛鲜艳的杂花、一条曲曲折折引水渠。伙计和气地伴着说闲话。他用着山西口音，告诉你，那里一年可出五千多包的麦粉，每包的价钱大约两块多钱。又说这十几年来，这一带因为山水忽然少了，磨坊关闭了多少家，外国人都把那些磨坊租去作他们避暑的别墅。惭愧的你说，你就是住在一个磨坊里面，心里更明白时代将一个日夜磨粉的磨坊，改成一座悠闲的别墅，那转变中间最最少不了添设几个窗子，蒙上玻璃或铁纱。这也就是你同那四个乡下人的距离。

磨坊伙计却仍然和气地脸上堆起微笑，让麦粉在日光下映着，说认得你租的磨坊主人，一个外国牧师，这人在这个村子里住过许多年，村子里人和他还都有很好的感情。并且好感还有实证。就是那一天早上你无意中出去探古寻胜，走到山上一个小村的关帝庙里，看到一个铁磬，刻着万历年号，据说是万历赐予这村里庆成王的后人的，不知怎样流落到卖古董的手里。七年前让这牧师买去，晚上打着玩，嘹亮的磬声被村人听到，急忙赶来打听，要凑原价买回，情辞恳切。说起这是他们吕姓的祖传宝物，决不能让它流落出境，这牧师于是真个把铁磬还了他们，从此便在关帝庙神前供着。

这样一来，你的窗子前面便展开了一张浪漫的图画，打动了你的好奇心，管它是隔一层或两层窗子，你也忍不住要问个底细。明庆成王是永乐的弟弟，怎么这赵庄村里的人都是他的后代？就是因为他们记得太清楚了，另一朝的皇帝便老大不放心，雍正间诏令他们改姓，由姓朱改为姓吕，但是他们还有用二十字排辈分的方法，使得他们不会弄错他们是这一派子孙。

你有点心跳了，昨天你雇来那打水洗衣服的不也是赵庄村来的？并且还姓吕！果然那土头土脑圆脸大眼的少年是个皇裔贵族，真是有失尊敬了。那么这村子一定穷得不得了，但事实上也不见得。

田亩一片，年年收成也不坏。家家户户门口有特种围墙，像个小小堡垒。屋子里面有大衣柜衣箱，柜门上白铜擦得亮亮的；炕上棉被红红绿绿也颇鲜艳。可是据说关帝庙里已有四年没有唱戏了，虽然戏台还高巍巍地对着正殿。村子里这几年穷了，有一位王孙告诉你，唱戏太花钱，尤其是上边使钱。这里到底是隔个窗子，你不懂了，一样年年好收成，为什么这几年村子穷了？只模模糊糊听到什么军队驻了三年多。更不懂的是，村子一年辛苦后的娱乐，关帝庙里唱戏，为什么得向上面使钱？既然隔个窗子弄不明白，你就通气点别尽管问了。

隔着一个窗子，你还想明白多少事？昨天雇来吕姓倒水，今天又学洋鬼子东逛西逛，跑到下面养有鸡羊，上面挂有"武魁"匾额的人家，让他们用你不懂得的乡音招呼你吃茶，炕上坐。望了半天走到门口，和那送客的女人周旋客气了一回，才恍然大悟，她就是替你倒脏水洗衣裳的吕姓王孙的妈，前晚上还送饼到你家来过。

这里你迷糊了，算了算了！你简直老老实实地坐在你窗子里得了，窗子以外的事，你看了多少也是枉然，大半你是不明白，也不会明白的。

悦读·品悟

随着林徽因笔尖的游走,我看到了她所目睹的民间百态,听到了她所耳闻的热闹的生活的声音,也感受到了那些触动她的有趣的滋味,却也实实在在地触摸到了那一扇透明却坚固的窗子。正是这扇窗子隔开了两种人,两种人生。窗内的人,拥有着富足的生活,奢侈的用品,却也时刻品尝着那种孤独与迷茫;窗外的人,为了生计劳苦奔波,日子过得虽潦倒却也热热闹闹。在我看来,那些在街心快跑追着电车的人们要比悠闲地坐在洋车里的人好得多,毕竟他们知道自己要去哪里并且在拼命地向着目的地靠近,这总好过坐在洋车上却无处可去。其实,金钱名利永远都不会是我们生活的主宰,那些只是人生的衍生物或是附加值,相反的那些一生追逐名利的人们终究会被这些虚无的东西给搞得筋疲力尽,断送一生。我们能做的,只有享受生活,享受成长,享受为梦想而拼命地坚强!

——北京杨镇一中 陈思

(指导教师:熊君)

笑的历史*

朱自清

作者·导读

朱自清（1898—1948），原名自华，字佩弦，号秋实，原籍浙江绍兴。散文家、诗人、学者、民主战士。著有《背影》《踪迹》《欧游杂记》等。

你问我现在为什么不爱笑了，我现在怎样笑得起来呢？

我幼小时候是很会笑的。娘说我很早就会笑了。说不论她有人引逗，无人引逗，我总常要笑的，她只有我一个女儿，很宠爱我，最欢喜看我笑。她说笑像一朵小白花，开在我的脸上；看了真是受用。她甚至只听了我的"格格……"的笑声，也就受用了。她生性怕雷电。但只要我笑了，她便不怕了。她有时受了爸

---

* 选自《初中当代国文》第三册，施蛰存等注释，柳亚子等校订，中学生书局1934年版。

爸的委屈，气得哭了。我笑了，她却就罢了。她在担心着缺柴缺米的日子，她真急得要寻死了。但她说看了我的笑，又怎样忍心死呢？那些时我每笑总必前仰后合的，好一会才得止住。娘说我是有福的孩子，便因为我笑得容易而且长久。但是，但是爸爸的意见如何呢？你该要问了。他自然不能和母亲一样。然而无论如何，也有些儿和她同好的。不然，她每回和他拌嘴以后，为甚么总叫我去和他说笑，使他消消气呢？还有，小五那日在厨房里花琅琅打碎两只红花碗的时候，他忙忙的叫郭妈妈带我到爸爸面前说笑。他说，"小姐在那里，我就可以不挨骂了。"这又为什么呢？那时我家好像严寒的冬天，我便像一个太阳。所以虽是十分艰窘，大家还能够快快活活的过日子。这样直到十三岁。那年上，娘可怜，死了！郭妈妈却来管家了！我常常想起娘在的时候，暗中难过；便不像往日起劲的笑了。又过了三四年，她们告诉我，姑娘人家要斯文些，笑是没规矩的。小户人家的女儿，才到处哈哈哈哈的笑呢！我晓得了这番道理，不由的又要小心，因此忍了许多笑。可是忍不住的时候，究竟有的；那时我便仍不免前仰后合的大笑一番。他们说这是改不掉的老病了！我初到你家，你们不也说我爱笑么？那正是"老毛病"了。

初到你家的时候，满眼都是生人！便是你，也是个生人！我孤鬼似的，只有陪房的小王，老王，是我的人。我时时觉得害怕，怕说错了话，行错了事。他们也再三教我留意。这颗心总是不安的，那里还会像在家时那样笑呢？便是有时和她们两个微笑着；听见人声，也就得马上放下面孔，做出庄重的样子。——因为这原是偷着笑的。那时真是气闷死了；我一个爱说爱笑的人，怎经得住这样拘束呢？更教我要命的，回门那一天，我原想家里去舒散舒散的；那知道他们都将我作客人看待，毫不和我顽笑。我自己到了家里，也觉得不好意思似的，没有从前那样自在。——这都因为你的缘故吧？我想你家里既都是些生人，我家里的，也都变了些生人，似乎再没有和我亲热的！——便更觉是孤鬼了！幸而七八天后，你家人渐渐有些熟了，不必仔细提防了——不然，直要闷死呢！在家天天要笑的，倒也不觉怎样快乐。可是这七八天里，不曾大笑一回，再想从前，便觉十分有滋味！这以后，我渐渐的忍不住了，我的老毛病发作了；你们便常常听见我的笑了。不上一个月，你家里，和孙家，张家，都知道我爱笑了；我竟在笑上出了名了。我自己是不觉得，我真比别人会笑些么？我的笑真和别人不同么？可是你家究竟不是我家，满了月之后，我的笑就有人很不高兴了。第一个便是你！那天大家偶然谈起筷子。你问，"在那里买？"我觉得奇怪，故意反问你，"你说在那里买？"你想了想，说，"在南货店里。"大家都笑了，我更大笑不止！你那时大概很难为情，只板着脸，咕嘟着嘴不响。好久，才冷冷的向我说，"笑完了罢？"等到了房里，你却又说，"真的，我劝你少笑些好不好？有什么叫你这样好笑呢？而且笑也何必这样惊天动地呢？"——这些话你总该还记得；我不冤枉你罢？——这是我第一回受人的言语；爸爸和娘一口大气也不曾呵过我的。那时我颇不舒服，但却不愿多说什么；只冷笑了一声，低低的说，"你管我呢？"说完，我就走出去了。那句话却不知你听见了没有？但我到底还是孩子气，过了一两日，又常常的笑了。有一回，却又恼了姨娘；也在大家谈话的时候。她大概疑惑我有心笑笑，所以狠狠的瞪了我一眼。其实我的笑是随便不过的，那里会用心呢？我只顾笑得快活，那里知道别人的难为情呢？我在她瞪眼的时候，心里真是悔恨不迭；想起前回因笑恼了你，今天怎么又忍不住呢？我立时便收了笑容，痴痴的坐着。大家都诧异说，"怎么忽然不响了？"我低头微笑，答不出什么。过了一会，便赳赳的起来走了。走到房里，听见姨娘说，"少奶奶太爱笑，也不大好；教人家说太太没规矩似的！我们要劝劝她才好。"这自然是对婆婆说的！我听了，更觉不安了！第二天，婆婆到我房里闲谈，渐渐说起我的笑。她说，"也难怪你，你娘死得早，爸爸又不管事，便让你没规没矩的了。但出了门和在家做姑娘时不同，你得学做人，得懂得做人的道理，不能再小孩子似的。你在我家，我将你和自己女儿一般看待；我所以特地指点你。——以后要忍住些笑；就是笑，也要文气些，而且还要看人！你说我的话是么？"婆婆那时说得很和气，一点没有严厉的样子；比你那冷言冷语好多了。我自然是很感激的。我说，"婆婆说的多是好话。我也晓得的。只因为在家笑惯了，所以不容易改。以后自然要留意的。"那几日里，用人们也常在厨房里议论我的笑；这真教我难为情！我想想原来不是一件好东西！——不，不，小孩子的笑是好的，大人的笑是不好的。但你在客厅里和你那些朋友常常哈哈哈哈的笑，他们也不曾议论你！——晓得了！男人笑是不妨的，女人笑是没规矩的。我经过两回劝诫，不能不提防着了，我的笑便渐渐的少了；他们都说我才有些成人气了，但我心里老不明白，女人的笑为什么这样不行呢？

满月后二十天，那是阴历正月十二，你动身到北京上学去了。我送你到门口，但并没有什么难过。你也很平常的，头也不回走了。那天我虽觉有些和往日不同，却也是轻微的。第二天便照常的快活了。那时公公正在榷运局差事上，家里钱是不缺的；大家都欢欢喜喜的过着。婆婆们因为我是新娘，待我还算客气的。虽然也有时劝诫我，有时向我发怒，有时向我冷笑，但总不常有的。我呢，究竟还是孩子，也不长久记着这些事。所以虽没有在家里自在，我也算无忧无虑的过着了。这些日子，我还是常常要笑的，只不大像从前那样前仰后合，那样长久罢了。他们还是说我爱笑的。但婆婆劝过我两回，我到底不曾都改了；他们见惯不惊，也就只好由我了。所以我的笑说不自由，却也自由的。到暑假时，你回来了，住了五十天。你又走了，这一回的走可不同。你还记得罢？——那夜里我哭了一点多钟。你后来也陪我哭。我们哭得眼睛都红了；你不是还怕他们笑么？走的时候，我不敢送你，并且也不敢看你；因为怕忍不住眼泪，更要让她们笑了！但是到底忍不住！你才走，我便溜到房里哭。四弟，五妹都来偷看我，我也顾不得了。自从娘死后，我不曾哭过，因为我是爱笑不爱哭的。在你家里，这要算第一回了。从那日起，我常觉失掉一件什么东西似的，心里老是不安了。我这才尝着别离的滋味了！你们男人家在外面有三朋四友的说笑，又有许多游散的地方，想家的心自然渐渐的会淡下去。我们终日在家里闷着：碰来碰去，是这些人；转来转去，是这些地方！没得打岔儿的，教我怎不想呢？越想便越想了，真真有些痴了。这一来我的笑可不容易了。好笑的事情，都觉淡淡的味儿，仿佛酒里搀了水。——我的笑的兴致也是这样。况且做了一年的媳妇，规矩晓得的多了，渐渐的脱了孩子气了；我也自然的不像从前爱笑了。这些时候笑是很文气了。微笑多了，大笑少了。他们都说老毛病居然改掉了。

　　第二年冬天，公公从差事上交卸了。亏空好几百元——是五百元吧？凑巧祖婆婆又死了；真是祸不单行！公公教婆婆和姨娘将金银首饰都拿出来兑钱去。我看她们委委屈屈的将首饰盒交给公公，心里好凄惨的！首饰兑了回来！又当了一件狐皮袍，才凑足了亏空的数目，寄到省里去了。第二天婆婆便和公公大吵了一回。为何起因，我已忘记；——你记得么？——只知道实在是为首饰的缘故罢了。那一次吵得真是利害！我到你家还是第一次看见呢。我觉得害怕，并且觉得这是一个恶兆；因为家里的光景真是大不同了！那回丧事是借的钱办的。在丧事里，我只哭了两回；要真伤心，我才会哭，我不会像她们那样哼哼儿。我的伤心，一半因为祖婆婆待我好，一半也愁着以后家里怎样过日子！我晓得愁，也是从前没有的；年纪大了，到底不同了。丧事过后，家里日用，分文没有；便只得或当或借的支持着。这也像严寒的冬天了。而且你家的人还要怄气。只说婆婆那样嫌着公公，说他只一味浪用，不知攒几个钱儿！又和姨娘吵闹，说她只晓得巴结公公，讨他的好！这样情形，还能和和气气的过日子么？我也常给他们解劝，但毫没有用的。这样过了一年多。我眼看着这乱糟糟的家，一天天的衰败下去，不由得不时时担心。婆婆发脾气的时候，又喜欢东拉西扯的牵连着别人。我更加要留意。你又在北京；连一个诉说的人也没有！我心里怎不郁郁的呢？我的心本来是最宽的；到你家后，便渐渐的窄了；仿佛有一块石头压着似的。你说北京有甜井，苦井；我从前的心是甜的，后来便是苦的。那些日子，真没有什么叫我笑了，我连微笑也少了。有一天我回到家里，爸爸和娘娘他们说，"小招真可怜！从前那样爱笑的，现在脸上简直不大看见笑了！"那时我家里人待我的情形也渐渐不同了，这叫我最难过的！——谁想自家人也会势利呢？我起初还不觉得；等到他们很冷淡了，我才明白。——你看我这个人糊涂不糊涂？——娘娘她们不用说，便是郭妈妈和小五等人，也有些看不起我似的。只除了爸爸一个人！他们都晓得我们家穷了，所以如此。其实我们穷我们的，与他们何干呢？本来家去和他们说说笑笑，还可以散散心的。这一来，我还家去做甚么呢？这样又过了半年。这一年半里，公公虽曾有过两回短差事，但剩不了钱，也是无用的。好差事又图谋不到！家里便一天亏似一天了！起初人家不知就里，还愿意借钱给我们。后来见公公长久无好差事，家里连利钱也不能按期付了，大家便都不肯借了；而且都来讨利钱，讨本钱了。他们来的时候，神气了不得！你得先听他的讨厌的话，再去用好话敷衍他。敷衍得好的，便快快的走了；不好的，更狠狠的发话一场。你那时不在家，我们就成天过这种日子！你想这是人过的日子么？你想我还有一毫快乐的心思么？你想我眼泪直向肚里滚，还有心肠笑么？好容易到了七月里，你毕业了，而且在上海有了事了。那时大家欢喜，我更不用说了——娘娘他们都说我从此可以出头了！我暗中着实快活了好几日，不由的笑了好几回——我本想忍住的，但是忍不住；只好让他们去说罢。这样的光景，谁知道后来的情形却全然相反呢？

自从公公那回交卸以后，家里各人的样子，便大不同了。——我刚才不是和你说过么？婆婆已经不像从前客气。她不知听了谁的话，总防着我爬到她头上去。所以常常和我讲究做媳妇的规矩，又一心一意的要向我摆出婆婆的架子。更加家境不好，她成天的没好心思，便要寻是生非的发脾气。碰着谁就是谁。我这下辈人，又是外姓人，自然更倒霉了！她那时常要挑剔我！她虽不明明的骂我，但摆着冷脸子给你看，冷言冷语的讥嘲你，又背地里和用人们议论你，就尽够你受了！姨娘呢，虽不曾和我怎样，但暗中挑拨着婆婆，也甚是利害！你想，我怎能不郁郁的！——只有公公还好，算不曾变了样子。我刚才不说过那时简直不大会笑么？你想，愁都愁不过来，又怎样会笑呢？况且到了后来，便是要笑，也不敢了。记得有一回，不知谁说了什么，引得我开口大笑。这其实是偶然又偶然的事。但婆婆却发话了。她说，"少奶奶真爱笑！家里到这地步，怎么一点不晓得愁呢！怎么还能这样嘻嘻哈哈的呢！"她的神气严厉极了，叫我害怕，更叫我难堪！——当着众人面前，受这样的责备，真是我生平第一回！我还有甚么脸面呢！我气得发抖，只有回房去暗哭！你想，从此以后，我还敢笑么？我还去自讨没趣么！况且家里又是这个样子！一直等到你在上海有事的时候，我才高兴起来，才又笑了几回。但是后来却更不敢笑了！为什么呢？你有了事以后，虽统共只拿了七十块钱一月，他们却指望你很大。他们恨不得你将这七十块钱全给家里！你自然不能够。你虽然曾寄给他们一半的钱，他们那里会满意！况你的寄钱，又没有定期；家里等着用，又是焦急！婆婆便只向我噜苏，说你怎样不懂事，怎样不顾家，怎样只管自己用。她又说，"'养儿防老，积谷防饥。'他想不问吗，怎能够哩！"她说这些话，虽不曾怪我，但她既不高兴你，自然更不高兴我了！从前她对我虽然也存着心眼儿，但却不恨我。所以还容易相处。现在她似乎渐渐的有些恨我了！这全是因为你！她恨我，更要挑剔我了。我就更难了！家里是这样艰窘，你又终年在外面，婆婆又有心和我作对。这真真逼死我了！那知后来还要不行！前年暑假，你回来了，身边只剩两个角子。婆婆第一个不高兴。她不是尽问着你钱到那里去了么？你在家三天，她便唠叨了三天。你本来不响的，后来大约忍不住了，也说了几句。她却和你大吵！第二天，你赌气走了。——我何尝不劝你；但怎么劝得住呢？午饭的时候，他们才问起你。我只好直说。婆婆听了，立刻变脸大骂，又硬说是我挑唆你的！她饭不吃了，跳到厨房里向用人们数说。接着又和左右邻舍说了一回。晚上公公回来，她一五一十的告诉他。她说，"这总是少奶奶的鬼！我们家真晦气，媳妇也要不到一个好的！自从她进门,你就不曾有过好差事,家境是一天坏似一天!现在又给大金出主意,想教他不寄钱回家;又挑唆他和我吵,使你们一家不和!真真八败命!"——她在对面房里,故意的高声说,教我听得清楚。——后来公公接着道,"不寄钱?——哼!他敢!让我写信问他去。我不能给他白养活女人、孩子!——现在才晓得,少奶奶真不是东西!"……以后声音渐低,我也再不能听下去了!那天我不曾吃饭。我又是害怕,又是寒心!我和他们仿佛是敌国了,但是我只有一个人!知道他们怎样来呢?我在床上哭了半夜,只恨自己命苦!从第二天起,我处处提防着。果然第四天的下午,公公便指着一件不相干的事,向我大发脾气。他骂我:"不要发昏!"这是四年来不曾有过的!他的骂比婆婆那回更是凶恶。但是我,除了忍受,有什么法子?我那晚又哭到半夜。现在是哭比笑多了。世间婆婆骂媳妇是常事;公公骂,却是你家特别的!你看你家的媳妇可是人做的!从那回起,我竟变了罪人!婆婆的明讥暗讽,不用说了。姨娘看见公公不高兴我,本来只是暗中弄送我的,现在却明明的来挑拨我了!四弟,五妹也常说我的坏话了!婆婆和姨娘向我发话的时候,他们也要帮衬几句了!用人们也呼唤不灵了!总之,"墙倒众人推"了。那时候,他们的眼睛都看着我,他们的耳朵都听着我。谁都要在我身上找出些错处,嘲弄一番。你想我怎样当的住呢?我的脸色,话语,举动,几乎都不中他们的意,几乎都要受他们的挑剔。——真成了"眼中钉"了!我成日躲在房里,不敢出来。出来时也不敢多说,不敢多动,只如泥塑木雕的一般!这时那里还想到笑?

笑早已到爪哇国里去了，连影子也不见了！本来到我家里住住，也可暂避一时。凑巧那年春天，爸爸过生日。郭妈妈要穿红裙，和她大闹。我帮着爸爸，骂了她一顿。她从此恨我切骨！就不甚看得起我；这一来，索性不理睬我了！我因此也就不能常回去了！到这时候，更不愿回去仰面求她，给她耻笑了！我真是走投无路。要不是为了你和孩子，我早已死了。那时我差不多每夜要哭，仿佛从前天天要笑一样。思前想后，十分难过，觉得那样的活着，还是死了的好。等到后来你来信答应照常寄钱，这才稍微好些。但也只是"稍微"好些罢了，和从前总不相同了！直到现在，都是如此。

自从大前年生了狗儿，去年又生了玉儿。这两个孩子可也真累坏了我！你看，我初到你家时是怎样壮的，现在怎么样了？人也呆了；身子瘦得像一只螳螂——尽是皮包着骨头！多劳碌了，就会头晕眼花；那里还像二十几岁的人？这一半也因为心境不好，一半也实在是给孩子们磨折的！我从前身体虽然不好，那里像现在呢？我自己很晓得，我是一日不如一日了，将来一定活不长的！——你不信么？以后总会看见的。说起来我的命只怕真不好，不然，公公在榷运局老不交卸，家里总可以雇两个奶娘。我又何致吃这样的辛苦呢？呀！领孩子的辛苦，真是你们想不到的！我又比别人格外辛苦，所以更是伤人！记得狗儿生的时候，我没有满月，就起来帮他们做事；一面还要领孩子。才生的孩子，最难照管。穿衣服怕折了胳膊，盖被又怕捂死了他。我是第一胎，更得提心吊胆的。那时日里夜里，总是悬悬不安！

吃饭是匆匆的,睡觉也只管惊醒!婆婆们虽也欢喜狗儿,但却不大能领他。一天到晚,孩子总是在我手里的多!还得给家里做事,所以便很累了。那时我这个人六神无主,失张失智的。没有从前唧溜,也没有从前勤快了。婆婆常常向我唠叨,说我没规矩,一半也因为此。等到孩子大起来了,哭呀,吵呀,总是有的。你们却又讨厌了,说孩子不乖巧,又说我太宠他了!你还常要打他。我拦住了,你便向我生气。其实这一点大的孩子,晓得什么?怎忍心怪他,打他!但你在家的时候,既然常为了孩子和我噜苏;婆婆后来和我吵,也常常借了孩子起因。我真气极了,孩子不是我一个人私生的!怎么你也怪我,他也怪我呢?我真倒霉,一面要代你受气,一面又要代孩子受气!整整三个年头,我不曾吃过一餐好饭,睡过一夜好觉,到底为了什么呢?狗儿的罪,还没有受完,又来了玉儿!你又老是这个光景,不能带我们出去。我今生今世是莫想抬头的了!——唉,我这几年兴致真过完了!我也不爱干净了,我也不想穿戴了,我也不想出去逛了。终日在家里闷着;闷惯了,倒也罢了。我为了两个孩子,时时觉着有千斤的重担子在我身上。又加上你家里人,都将我看作仇人。我仿佛上了手铐脚镣,被囚在一间牢狱里!你想我还能高兴么?我这样冷冰冰的,真还要死哩!你在家时还好,你不在家时,我寂寞透了!只好逗着孩子们笑着顽儿,但心思总是不能舒舒贴贴的。我此刻哭是哭不出,笑可也不会笑了;你教我笑,也笑不来了。而且看见别人笑,听到别人笑,心中说不出的不愿意。便是有时敷衍人,勉强笑笑,也只觉得苦,觉得很费力！我真是有些反常哩！

好人，好人，几时让我再能像"娘在时"那样随随便便，痛痛快快的笑一回呢？

悦读·品悟

笑容是一道可以点亮世界的弧度，它可以弯得张扬，也可以收得内敛。笑不应该受到质疑与鄙弃。而在朱自清先生的这篇小说中，一位女子的笑竟把她从阳光明媚的幸福中拖曳到了浑浊肮脏的"牢狱"里。我不想说我同情她，我是可怜这个社会。可怜它居然把笑的美妙生生撕开，当作一块人人唾弃的抹布，随意擦拭污浊的生活。一位女子的独白，她的悲苦与抱怨，渗进了无数对笑的惋惜。同时，也将中国妇女的命运与地位委婉地揭示出来。以一欢笑释一暖情，以一苦笑藏一悲戚。我无他求，只愿笑能够在如今的时空里被保鲜着，只散发馨香，不被阵阵恶心的恶臭侵袭。

——北京杨镇一中　沈安宁

（指导教师：熊君）

社 戏[*]

石评梅

作者·导读

石评梅（1902—1928），原名汝壁，因爱慕梅花自取笔名石评梅，山西平定人。女作家，被誉为"民国四大才女之一"。毕业于北京女子高等师范学校。她的作品充满着柔弱女性奋力挣扎和不断追求真理的执着精神。

临离北平了，许多朋友送了我不少的新书。回来后，这寂寞的山城，除了自然界的风景外，真没有可以消遣玩耍的事情。只有拿上几本爱读的书，到葡萄架下，老槐树底，小河堤上，茅庵门前，或是花荫蝉声，楼窗晚风里去寻求好梦。书又何曾看了多少，只凝望着晚霞和流云而沉思默想，想倦了，书扔在地上，我

---

[*] 选自《初级中学国语教科书》第二册，戴叔清编，文艺书局1933年版。

的身体就躺在落英绿茵中了。怎样醒来呢！快吃饭了，昆林抱着黄狸奴，用它的绒毛蹄来抚摸我的脸。惊醒后，我牵了昆林，黄狸奴跟在我们后边，一块儿走到母亲房里。桌上已放置了许多园中新鲜菜蔬烹调的佳肴，昆林坐在小椅子上，黄狸奴蹲在她旁边。那时一切的环境，都是温柔得和母亲的手一样。

读倦了书，母亲已派人送冰浸的鲜艳的瓜果给我吃。亲戚家也都把他们园地中的收获，大篮小筐地馈赠我，我真成了山城中幸福的娇客。黄昏后，晚风凉爽时，我披着罗衣，陪了父亲到山腰水涧去散步。

想起来，这真是短短的一个美满的神仙的梦呢！

有一天姑母来接我去看社戏。这正是一个清新的早晨，微雨初晴，旭日像一团火轮，我骑着小驴儿，得得得得地走过了几个小村堡到了姑母家。姑母家，充满了欣喜的空气欢迎我。

早餐后，来了许多穿格子布，条儿布的村姑娘来看我，都梳着辫子，扎着鲜艳的头绳，粉白的脸儿衬着玫瑰腮，更显得十分俏丽，姑母介绍时我最喜欢梳双髻的兰篮；她既天真又活泼，而且很大方，不像别的女孩子那样怕生害羞。

今天村里的妇女们，衣饰都收拾得很新洁。一方面偷空和姑姑姨姨们畅叙衷怀，一方面还要张罗着招待客人看戏。比较城市中，那些辉煌华丽的舞台剧场中的阔佬富翁们，拥伴侍候着的那些红粉骷髅，金钱美人，要幸福多了。这种可爱的纯真和朴素，使得她们灵魂是健康而畅快呵！……

戏台在一块旷野地。前面那红墙高宇的就是关帝庙。这台戏，有的人说是谢神的，因为神的力量能保佑地面不曾受奉军的踩躏。有的人说是庆祝北伐成功的，特意来慰劳前敌归来的将士们。台前悬挂着两个煤气灯，交叉着国旗，两旁还挂着对联。我和兰篮她们坐在姑母家的席棚里，很清楚地看见这简陋剧场的周围，是青山碧水，瓜田菜畦，连绵不断翠色重重的高粱地。

集聚的观众，成个月牙形。小贩呼卖声，儿童哭闹声，妇女们的笑语声，刺耳的锣鼓声，种种嘈杂的声音喊成一片。望去呢，是闹烘烘一团人影，缓缓移动像云拥浪推。

二点钟时候，戏开演了，咿咿呀呀，唔唔呵呵，红的进去，黑的出来，我简直莫名其妙是做什么？回头问女伴，她们一样摇头不知。我遂将视线移在台下，觉得舞台下的活动影戏，比台上的傀儡还要有趣呢！

正凝视沉思时：东北角上忽然人影散动，观众们都转头向那方看去，隐隐听见哭喊求饶的声音。这时几声尖锐的啸笛吹起，人群中又拥出许多着灰色军服的军人，奔向那边去了。妇女们胆小的都呼儿携女地逃遁了，大胆些的站在板凳上伸头瞭望；蓦然间起了极大的纷扰。

一会儿姑母家派人来接我们。我向来人打听的结果，才知道这纷乱的原因。此地驻扎的军人来看戏时，无意中乡下一个农民践踏了他一足泥，这本来小的和芝麻一样大的事，却想不到竟因此引起双方的纷扰。

挤出来，在山坡上，回头还能看见戏台上临风招展的旗，我轻轻舒放了一口气，才觉得我是生活在这样幸福的环境里。

悦读·品悟

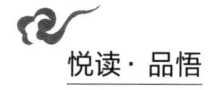

不同于城市的奢华，乡村显得是那样朴实无华：倒于绿茵中休息，骑着驴儿行进，于清新的早上去看一场社戏。村里的姑娘们为看戏也仔细打扮一番，虽也用胭脂，却比城市里的"佳丽"们清新太多！她们的俏丽也正是这山村的可爱之处。戏台虽破，却阻挡不了高涨的热情。若不是那"一足泥"，这场戏该以多么美满的结局结束啊。姑娘们也可以如来时一般轻松自在。乡下的一切都是淳朴的，都是温和的，却被战争扰乱了，整个中国不都是这样么？这也是石评梅的忧虑，在平静的表象下，是社会的不平和动乱，但她只能给予同情。

——北京杨镇一中　王雨晴

（指导教师：熊君）

卖汽水的人 *

周作人

作者·导读

周作人（1885—1967），原名櫆寿（后改为奎绶），字星杓，浙江绍兴人，是鲁迅（周树人）之弟，周建人之兄。散文家、翻译家。作者西山养病期间，一场大病使其情绪从高潮跌入低谷。当作者看到被辞退的伙计背影，感到了卖汽水的人内心的寂寞，触动了作者的思绪。

我的间壁有一个卖汽水的人。在般若堂院子里左边的一角，有两间房屋，一间作为我的厨房，里边的一间便是那卖汽水的人住着。

一到夏天，来游西山的人很多，汽水的生意很好。从汽水厂

---

* 选自《开明国文读本》第二册，王伯祥编，开明书店1932年版。

用一块钱一打去贩来，很贵的卖给客人；倘若有点认识，或是善于还价的人，一瓶两角钱也就够了，否则要卖三、四角不等。礼拜日游客多的时候，可以卖到十五六元，一天里差不多有十元的利益。这个卖汽水的掌柜本来是一个开着煤铺的泥水匠，有一天到寺里来作工，忽然想到在这里来卖汽水，生意一定不错，于是开张起来。自己因为店务及工作很忙碌，所以用了一个伙计替他看守，他不过偶然过来巡阅一回罢了。

伙计本是没有工钱的，伙食和必要的零用由掌柜供给。

我到此地来了以后，伙计也换了好几个了，近来在这里的是一个姓秦的二十岁上下的少年，体格很好，微黑的圆脸，略略觉得有点狡狯，但也有天真烂漫的地方。

卖汽水的地方是在塔下，普通称作塔院。寺的后边的广场当中，筑起一座几十丈高的方台，上面又竖着五枝石塔，所谓塔院便是这高台的上边。从我的住房到塔院底下，也须走过五六十级的台阶，但是分作四五段，所以还可以上去；至于塔院的台阶总有二百多级，而且很峻急，看了也要目眩，心想这一定是不行罢，没有一回想到要上去过。

塔院下面有许多大树，很是凉快，时常同了丰一到那里看石碑，随便散步。

有一天，正在碑亭外走着，秦也从底下上来了。一只长圆形的柳条篮套在左腕上，右手拿着一串连着枝叶的樱桃似的果实。见了丰一他突然伸出那只手，大声说道，"这个送你。"丰一跳着走去，也大声问道，

"这是什么？"

"郁李。"

"哪里拿来的？"

"你不用管。你拿去好了。"他说着，在狡狯似的脸上现出亲和的微笑，将果实交给丰一了。他嘴里动着，好像正吃着这果实。我们拣了一颗红的吃了，有李子的气味，却是很酸。丰一还想问他什么话，秦已经跳到台阶底下，说着"一，二，三"，便两三级当作一步，走了上去，不久就进了塔院第一个的石的穹门，随即不见了。

这已经是半月以前的事情了。丰一因为学校将要开学，也回到家里去了。

昨天的上午，掌柜的侄子飘然的来了。他突然对秦说，要收店了，叫他明天早上回去。这事情大鹘突，大家都觉得奇怪，后来仔细一打听，才知道因为掌柜知道了秦的作弊，派他的侄子来查办的。三四角钱卖掉的汽水，都登了两角的账，余下的都没收了，存放在一个和尚那里，这件事情不知道有谁用了电话告诉了掌柜。侄子来了之后，不知道又在哪里打听了许多话，说秦买怎样的好东西吃，半月里吸了几盒的香烟，于是证据确凿，终于决定把他赶走了。

秦自然不愿意出去，非常的颓唐，说了许多辩解，但是没有效。到了今天早上，平常起的很早的秦还是睡着，侄子把他叫醒，他说是头痛，不肯起来。然而这也是无益的了，不到三十分钟的工夫，秦悄然的出了般若堂去了。

我正在有那大的黑铜的弥勒菩萨坐着的门外散步。秦从我的前面走过，肩上搭着被囊，一边的手里提了盛着一点点的日用品的那一只柳条篮。从对面来的一个寺里的佃户见了他问道，

"哪里去呢？"

"回北京去！"他用了高兴的声音回答，故意的想隐藏过他的忧郁的心情。

我觉得非常的寂寥。那时在塔院下所见的浮着亲和的微笑的狡狯似的面貌，不觉又清清楚楚的再现在我的心眼的前面了。我立住了，暂时望着他彳亍的走下那长的石阶去的寂寞的后影。

八月三十日在西山碧云寺

悦读·品悟

读周作人的文章之前，脑子里不免浮出其兄鲁迅的作品，鲁迅的文章大多针砭时事，隐喻太多且火药味足。而周作人的作品却自有亲切、通达的风致，从容描绘中蕴藉着几分诙谐，同时掺杂着几分忧郁、惆怅。《卖汽水的人》用平淡的文字讲述了卖汽水的小雇工秦的短暂时光及其中二三场景，最后在秦离去时强言喜悦中的淡淡忧伤更是折射出了作者自己的心情。但这种心情又究竟是怎样的呢？出于好奇，我去查了他的生平，发现此文是作者于碧云寺养病期间所作，从平淡自然的文字中隐隐表现出作者的心情——尽管自得小趣，但难掩寂寥。观前人评语，

以"平和冲淡"来形容此文真的是恰到好处。从自己的情感出发,任意而谈,信笔而写,用朴实无华的语言勾勒出自己心中那份淡雅隽永之意,仿佛一淙流水,遇到鱼虾、卵石、水草都要略作抚弄才擦肩而去,其间偶尔露出自己的情感,却不强烈,不冲动,一展即收,恰到好处,宛若一盏香茶,不必太浓,依旧唇齿留香。这种韵味,在文章结尾处尤其明显。

——北京市朝阳外国语学校　董子洵

（指导教师：张媛）

渔　家[*]

杨振声

作者·导读

杨振声（1890—1956），字今甫，也作金甫，出生于山东蓬莱一个渔民家庭。毕业于北京大学，曾留学美国。《渔家》是杨振声在北京大学求学时在杂志《新潮》上发表的第一篇小说，鲁迅的评价是"杨振声是要描写民间疾苦的"。

一个春天的下午，雨声滴沥滴沥的打窗外的树。那雨已经是下了好几天了，连那屋子里面的地都水汪汪的要浸上水来。这一间草盖的房子，在一棵老槐树的旁边，房子上面的草，已是很薄的了；还有几处露出土来；在一个屋角的上面，盖的一块破

---

[*] 选自《试验初中国文读本》第二册，沈荣龄编，汪懋祖等校，大华书局1934年版。

席子。那屋子里面的墙,被雨水润透,一块一块的往下落泥。那窗上的纸,经雨一洗,被风都吹破,上面塞的一些破衣裳,所以那屋子里面十分惨淡黑暗的了。

屋子的墙角,放着一张破床,床上坐的一个女人,有三十多岁,正修补一架打鱼的破网。旁边坐着一个八九岁的女孩子,给她理线。床头上还躺的一个小孩子,不过有一岁的光景,仰着黑黄的脸儿睡觉。那女人织了一回网,用手支着腮儿,出一回神。回身取一件破袄,给那睡觉的小孩子盖好,又皱着眉儿出神。

那女孩子抬头望见他母亲的样子,便说道:"妈妈!爸爸出去借米,怎么还不回来?我的肚子饿……痛……哎哟!"说着便用手去捧肚子。

那女人接着说道:"好孩子!你别着急,你爸爸快回来了。"

那女孩子又接着问道:"爸爸是上张家去借米的么?"

那女人道:"是的,上次借了他家的米,尚未还他,这次还不知道他借……"

那女孩子道:"那一天我到张家去顽,他家的蓉姐姐拿馍馍喂狗;我问她要一块吃,她倒不给我。"

她母亲道:"罢呀!人家有钱,命好!"

那女孩子道:"咱们因为什么没有钱?怎么就命不好?"正说着,一阵雨水从那屋顶上淋了下来。淋了那女孩子一身,那女孩子不觉的打了个寒噤,说道:"不好了!屋子上面的席被风吹掀了。快把床挪一挪罢。"说完,便同她母亲来拉床。正忙着,一个三十多岁的男人,打着一把破伞,通身的衣裳都湿了,走了进来。那女孩子叫道："爸爸来了！爸爸！你借了米回来了么？"那男人夹着肩膊，颤声说道："没……没……"

那女人急道："我们两天没有动火了，又没处再去借米，这不得等着饿……"这句话倒说的那女孩子想起饿来了，哭道："爸爸！饿……饿死……我了！"

那男人拭眼说道："你乖，别哭，等到好了天，我打鱼卖了钱，就有的吃了，不挨饿了！"说着，只听哇的一声，床上睡觉的小孩子也醒了。那女人忙的抱了起来，给他奶子吃。但是那小孩子衔着奶子在口里，只是不住的哭。那女人拿下奶子看了一看，道："哎哟！这奶子是没得汤了！怪不得他哭呢，这怎么……"说着，便用袖子去拭眼。那女孩子看见她母亲哭了，越发哭个不住。那男子包着眼泪。转了脸，往上望那房子上面的窟洞。

那时已是黄昏了，雨渐渐的住了，但是还没开晴。忽听门外叫道："王茂！你的渔旗子税还不快纳么？"说着，一声门响，进来了一个穿蓝军衣的人，手里拉着一根马棒，嘴里吸着纸烟，挺着胸腹，甩着个大辫子，一摇一摆的走进来。王茂见是一位水上警察，就带了几分怕，忙陪笑道："老爷！我这里连饭都没得吃，哪里有钱上税？再等几天我给你送去罢。"那警察从鼻子里出来两道烟，慢慢的说道："你有没有的吃我不管，这渔旗子税总是要纳的；难道你说没有饭吃，就不纳税了么？没有饭吃的人多着呢，哪一个敢不纳税来。快点！我若回去禀了老爷，办你个抗税的罪，你就担不了兜着走，快点罢！"

王茂道:"我前些日子预备了两块大洋,这几天没的吃,还没敢动用。等着再借三块,一遭儿给你送去。不是,你先拿这两块去。"

那警察道:"不成,得一块儿交齐。"

王茂道:"老爷!我今年时气不好,上一次下了网,又教旁人把鱼偷了去,连网都割去了,所以我……"

那警察不等他说完,便接口道:"胡说!有我们水上警察,哪一个还敢偷鱼。难道我们偷了你的鱼不成!你分明抗税,还要胡说,非带你见我们老爷去不成。——快走!——不成。"说着,拉了他就要走。

那女孩子原是哭着的,后来看见那警察来了,她便吓的跑到她母亲的背后,一声也不敢哭了。今见那警察要带她的父亲,她怕的又哭起来了。那女人也急了,把小孩放在床上,跑来求那警道:"老爷!饶了他罢!你若把他带……我们一家……都要饿……死了!"那警察仰了脸,只作不理,说道:"走!走!别费话啦。"说着,拉了王茂就走,吓的那女人孩子一齐哭起来。那时雨又下大了,澎湃之声与哭声相和。

忽听哗啦的一声,接着那小孩子哭了一声,就无动静了。那女孩子哭叫道:"后墙教雨冲倒了,弟弟……"

王茂听了,哀告那警察道:"你放了手!我看看我的孩子再走!"那警察哪里听他,拉着就走了。那女孩子还在后面哭着叫:"爸爸……妈妈……妈妈晕过去了……哎呀!"

那时天已昏黑,王茂走的远了;犹听得他的女孩子叫哭之声被风送到他的耳朵里,时断时续的。

悦读·品悟

杨振声的《渔家》是要描写民间疾苦的,这点连一直不欣赏他的鲁迅先生也这样评价。读罢,我首先想到的是一部和渔家有关系的戏《打渔杀家》,但杨先生的文章并不给喜欢幻想的奴隶任何可以幻想的机会,因此并没有侠客的出现,也不会安排主人公如萧恩那般大发英雄神威,最终夜入丁府,杀了渔霸全家。因为这些都只是幻想中的,浓黑的现实全然不是这样,有的就是天灾,有的只有人祸,有的只是压榨、凶蛮、欺凌。因此人们有且只有一个疑问被逼迫发出,这是为什么!天地无情吗?这个疑问从可怜的小女孩口中发出,也让读者深思。作者透过渔家的悲剧真实反映了当时中国的现状,控诉了当时的残酷剥削与压迫,这就是这部作品永远熠熠发光之处。

——北京市朝阳外国语学校　王博雅

（指导教师：王涛）

幸福的家庭[*]

鲁迅

作者·导读

鲁迅（1881—1936），原名周樟寿，1898年改名为周树人，笔名鲁迅，字豫山、豫亭，后改字为豫才，浙江绍兴人。文学家、思想家、革命家，中国现代文学的开山巨匠。本文选自小说集《彷徨》，鲁迅希望读者通过《幸福的家庭》中"文学青年"失败的故事，看到他们的悲剧既是时代的悲剧、社会的悲剧，也是他们自己缺乏"韧性"精神和斗争策略的结果。

"……做不做全由自己的便；那作品，像太阳的光一样，从无量的光源中涌出来，不像石火，用铁和石敲出来，这才是真

---

[*] 选自《新编高中国文》第六册，宋文翰、张文治编，中华书局1948年版。

艺术。那作者，也才是真的艺术家。——而我，……这算是什么？……"他想到这里，忽然从床上跳起来了。以先他早已想过，须得捞几文稿费维持生活了；投稿的地方，先定为幸福月报社，因为润笔似乎比较的丰。但作品就须有范围，否则，恐怕要不收的。范围就范围，……现在的青年的脑里的大问题是？……大概很不少，或者有许多是恋爱、婚姻、家庭之类罢。……是的，他们确有许多人烦闷着，正在讨论这些事。那么，就来做家庭。然而怎么做呢？……否则，恐怕要不收的，何必说些背时的话，然而……。他跳下卧床之后，四五步就走到书桌面前，坐下去，抽出一张绿格纸，毫不迟疑，但又自暴自弃似的写下一行题目道：《幸福的家庭》。

他的笔立刻停滞了；他仰了头，两眼瞪着房顶，正在安排那安置这"幸福的家庭"的地方。

他想："北京？不行，死气沉沉，连空气也是死的。假如在这家庭的周围筑一道高墙，难道空气也就隔断了么？简直不行！江苏、浙江天天防要开仗；福建更无须说。四川，广东？都正在打。山东、河南之类？——啊啊，要绑票的，倘使绑去一个，那就成为不幸的家庭了。上海、天津的租界上房租贵；……假如在外国，笑话。云南、贵州不知道怎样，但交通也太不便……。"他想来想去，想不出好地方，便要假定为 A 了。但又想，"现有不少的人是反对用西洋字母来代人地名的，说是要减少读者的兴味。我这回的投稿，似乎也不如不用安全些。那么，在哪里好呢？——湖南也打仗；大连仍然房租贵；察哈尔、吉林、黑龙江罢，——听说有马贼，也不行！……"也又想来想去，又想不出好地方，于是终于决心，假定这"幸福的家庭"所在的地方叫作 A。

"总之，这幸福的家庭一定须在 A，无可磋商。家庭中自然是两夫妇，就是主人和主妇，自由结婚的。他们订有四十多条条约，非常详细，所以非常平等，十分自由。而且受过高等教育，优美高尚……。东洋留学生已经不通行，——那么，假定为西洋留学生罢。主人始终穿洋服，硬领始终雪白；主妇是前头的头发始终烫得蓬蓬松松像一个麻雀窠，牙齿是始终雪白的露着，但衣服却是中国装，……"

"不行不行，那不行！二十五斤！"

他听得窗外一个男人的声音，不由的回过头去看，窗幔垂着，日光照着，明得眩目，他的眼睛昏花了；接着是小木片撒在地上的声响。"不相干，"他又回过头来想，"什么'二十五斤'？——他们是优美高尚，很爱文艺的。但因为都从小生长在幸福里，所以不爱俄国的小说……。俄国小说多描写下等人，实在和这样的家庭也不合。'二十五斤'？不管他。那么，他们看看什么书呢？——裴伦的诗？吉支的？不行，都不稳当。——哦，有了，他们都爱看《理想之良人》。我虽然没有见过这部书，但既然连大学教授也那么称赞他，想来他们也一定都爱看，你也看，我也看，——他们一人一本，这家庭里一共有两本，……"他觉得胃里有点空虚了，放下笔，用两只手支着头，教自己的头像地球仪似的在两个柱子间挂着。

"……他们两人正在用午餐，"他想，"桌上铺了雪白的布；厨子送上菜来，——中国菜。什么'二十五斤'？不管他。为什么倒是中国菜？西洋人说，中国菜最进步，最好吃，最合于卫生：所以他们采用中国菜。送来的是第一碗，但这第一碗是什么呢？……"

"劈柴，……"

他吃惊的回过头去看，靠左肩，便立着他自己家里的主妇，两只阴凄凄的眼睛恰恰钉住他的脸。

"什么？"他以为她来搅扰了他的创作，颇有些愤怒了。

"劈柴，都用完了，今天买了些。前一回还是十斤两吊四，今天就要两吊六。我想给他两吊五，好不好？"

"好好，就是两吊五。"

"称得太吃亏了。他一定只肯算二十四斤半；我想就算他二十三斤半，好不好？"

"好好，就算他二十三斤半。"

"那么，五五二十五，三五一十五，……"

"唔唔，五五二十五，三五一十五，……"他也说不下去了，停了一会，忽而奋然的抓起笔来，就在写着一行"幸福的家庭"的绿格纸上起算草，起了好久，这才仰起头来说道：

"五吊八！"

"那是，我这里不够了，还差八九个……。"

他抽开书桌的抽屉，一把抓起所有的铜元，不下二三十，放在她摊开的手掌上，看她出了房，才又回过头来向书桌。

他觉得头里面很胀满,似乎桠桠叉叉的全被木柴填满了,五五二十五,脑皮质上还印着许多散乱的亚剌伯数目字。他很深的吸一口气,又用力的呼出,仿佛要借此赶出脑里的劈柴,五五二十五和亚剌伯数字来。果然,吁气之后,心地也就轻松不少了,于是仍复恍恍惚惚的想——"什么菜?菜倒不妨奇特点。滑溜里脊,虾子海参,实在太凡庸。我偏要说他们吃的是'龙虎斗'。但'龙虎斗'又是什么呢?有人说是蛇和猫,是广东的贵重菜,非大宴会不吃的。但我在江苏饭馆的菜单上就见过这名目,江苏人似乎不吃蛇和猫,恐怕就如谁所说,是蛙和鳝鱼了。现在假定这主人和主妇为哪里人呢?——不管他。总而言之,无论哪里人吃一碗蛇和猫或者蛙和鳝鱼,于幸福的家庭是决不会有损伤的。总之这第一碗一定是'龙虎斗',无可磋商。

"于是一碗'龙虎斗'摆在桌子中央了,他们两人同时捏起筷子,指着碗沿,笑迷迷的你看我,我看你……。

"'My dear,please.'

"'Please you eat first,my dear.'

"'Oh no,please you!'

"于是他们同时伸下筷子去,同时夹出一块蛇肉来,——不不,蛇肉究竟太奇怪,还不如说是鳝鱼罢。那么,这碗'龙虎斗'是蛙和鳝鱼所做的了。他们同时夹出一块鳝鱼来,一样大小,五五二十五,三五……不管他,同时放进嘴里去,……"他不能自制的只想回过头去看,因为他觉得背后很热闹,有人来来往往的走了两三回。但他还熬着,乱嘈嘈的接着想,"这似乎有点肉麻,哪有这样的家庭?唉唉,我的思路怎么会这样乱,这好题目怕是做不完篇的了。——或者不必定用留学生,就在国内受了高等教育的也可以。他们都是大学毕业的,高尚优美,高尚……。男的是文学家;女的也是文学家,或者文学崇拜家。或者女的是诗人;男的是诗人崇拜者,女性尊重者。或者……"他终于忍耐不住,回过头去了。

就在他背后的书架的旁边,已经出现了一座白菜堆,下层三株,中层两株,顶上一株,向他叠成一个很大的 A 字。

"唉唉!"他吃惊的叹息,同时觉得脸上骤然发热了,脊梁上还有许多针轻轻的刺着。"吁……。"他很长的嘘一口气,先斥退了脊梁上的针,仍然想,"幸福的家庭的房子要宽绰。有一间堆积房,白菜之类都到那边去。主人的书房另一间,靠壁满排着书架,那旁边自然决没有什么白菜堆;架上满是中国书,外国书,《理想之良人》自然也在内,——一共有两部。卧室又一间;黄铜床,或者质朴点,第一监狱工场做的榆木床也就够,床底下很干净,……"他当即一瞥自己的床下,劈柴已经用完了,只有一条稻草绳,却还死蛇似的懒懒的躺着。

"二十三斤半,……"他觉得劈柴就要向床下"川流不息"的进来,头里面又有些桠桠叉叉了,便急忙起立,走向门口去想关门。但两手刚触着门,却又觉得未免太暴躁了,就歇了手,只放下那积着许多灰尘的门幕。他一面想,这既无闭关自守之操切,也没有开放门户之不安:是很合于"中庸之道"的。

"……所以主人的书房门永远是关起来的。"他走回来,坐下,想,"有事要商量先敲门,得了许可才能进来,这办法实在对。现在假如主人坐在自己的书房里,主妇来谈文艺了,也就先敲门。——这可以放心,她必不至于捧着白菜的。

"'Come in, please, my dear.'

"然而主人没有工夫谈文艺的时候怎么办呢?那么,不理她,听她站在外面老是剥剥的敲?这大约不行罢。或者《理想之良人》里面都写着,——那恐怕确是一部好小说,我如果有了稿费,也得去买他一部来看看……。"

拍!

他腰骨笔直了,因为他根据经验,知道这一声"拍"是主妇的手掌打在他们的三岁的女儿的头上的声音。

"幸福的家庭,……"他听到孩子的呜咽了,但还是腰骨笔直的想,"孩子是生得迟的,生得迟。或者不如没有,两个人干干净净。——或者不如住在客店里,什么都包给他们,一个人干干……"他听得呜咽声高了起来,也就站了起来,钻过门幕,想着,"马克思在儿女的啼哭声中还会做《资本论》,所以他是伟人,……"走出外间,开了风门,闻得一阵煤油气。孩子就躺倒在门的右边,脸向着地,一见他,便"哇"的哭出来了。

"啊啊,好好,莫哭莫哭,我的好孩子。"他弯下腰去抱她。于是放下她,拖开椅子,坐下去,使她站在两膝的中间,擎起手来道,"莫哭了呵,好孩子。爹爹做'猫洗脸'给你看。"他同时伸长颈子，伸出舌头，远远的对着手掌舔了两舔，就用这手掌向了自己的脸上画圆圈。

"呵呵呵，花儿。"她就笑起来了。

"是的是的，花儿。"他又连画上几个圆圈，这才歇了手，只见她还是笑迷迷的挂着眼泪对他看。他忽而觉得，她那可爱的天真的脸，正像五年前的她的母亲，通红的嘴唇尤其像，不过缩小了轮廓。那时也是晴朗的冬天，她听得他说决计反抗一切阻碍，为她牺牲的时候，也就这样笑迷迷的挂着眼泪对他看。他惘然的坐着，仿佛有些醉了。

"啊啊，可爱的嘴唇……"他想。

门幕忽然挂起。劈柴运进来了。

他也忽然惊醒，一定睛，只见孩子还是挂着眼泪，而且张开了通红的嘴唇对他看。"嘴唇……"他向旁边一瞥，劈柴正在进来，"……恐怕将来也就是五五二十五，九九八十一！……而且两只眼睛阴凄凄的……。"他想着，随即粗暴的抓起那写着一行题目和一堆算草的绿格纸来，揉了几揉，又展开来给她拭去了眼泪和鼻涕。"好孩子，自己玩去罢。"他一面推开她，说；一面就将纸团用力的掷在纸篓里。

但他又立刻觉得对于孩子有些抱歉了，重复回头，目送着她独自茕茕的出去；耳朵里听得木片声。他想要定一定神，便又回转头，闭了眼睛，息了杂念，平心静气的坐着。他看见眼前浮出一朵扁圆的乌花，橙黄心，从左眼的左角漂到右，消失了；接着一朵明绿花，墨绿色的心；接着一座六株的白菜堆，屹然的向他叠成一个很大的 A 字。

一九二四年二月一八日

悦读·品悟

读完鲁迅的《幸福的家庭》，我不禁惊诧于他的"含泪的笑"。

鲁迅的文章是幽默的，但这种幽默不是为了"闲适""凑趣"，而在于讽刺，充满了辛酸。《幸福的家庭》的主人公构思的理想的家庭：夫妇二人自由结婚，都是西洋留学生，"主人始终穿着洋服，硬领始终雪白，主妇是前头的头发始终烫得蓬蓬松松像一个麻雀窠，牙齿是始终雪白的露着"，他们都爱看《理想之良人》，二人相敬如宾。

但是"我"的现实处境却没有这么幸福、美好，小说仅写下个题目，还没构思完就不断地被妻女的吵闹和哭声打断……看着妻子"两只阴凄凄的眼睛"，想到女儿将来的生活也只能如此，于是抓过写下《幸福的家庭》题目的绿格纸，给女儿擦去眼泪、鼻涕，然后丢进纸篓里。

小说的内容、情节幽默，但读者的笑声中却没有轻松、快活，而是一种带泪的笑，一种苦涩的笑。情节固然幽默，指归却在讽刺。《幸福的家庭》中的"文学青年"等，他们具有现代的意识、进步的思想和改革的要求，也曾有过为自己理想而奋斗的辉煌历史，但他们的反抗几乎都以失败而告终。鲁迅希望大家通过他们失败的故事，看到他们的悲剧既是时代的悲剧、社会的悲剧，也是他们自己缺乏"韧性"精神和斗争策略的结果。

——北京市朝阳外国语学校　吴舒雅

（指导教师：王涛）

绣　枕[*]

凌叔华

作者·导读

凌叔华（1900—1990），毕业于燕京大学。她以自己的艺术才华和细心的观察与思考，真实而又艺术地表现了中产阶级的生活和家庭琐事，尤其擅长适可而止地描写旧家庭中婉顺的女性。

大小姐正在低头绣一个靠垫，此时天气闷热，小巴狗只有躺在桌底伸出舌头喘气的分儿，苍蝇热昏昏的满玻璃窗上打转。张妈站在背后打扇子，脸上一道一道的汗渍，她不住的用手巾擦，可总擦不干。鼻尖的刚才干了，嘴边的又点点凸了出来。她瞧着她主人的汗虽然没有她那样多，可是脸热的酱红，白细夏布

---

[*] 选自《初级中学国文读本》第三册，张鸿来、卢怀琦编，师大附中国文丛刊社 1934 年版。

褂汗湿了一脊背，忍不住说道，"大小姐，歇会儿，凉快凉快罢。老爷虽说明天得送这靠垫去，可是没定规早上或晚上呢。"

"他说了明儿早上十二点以前，必得送去才好，不能不赶了。你站过来扇扇。"小姐答完，仍旧低头做活。

张妈走过左边，一面打着扇子，一面不住眼的看着绣的东西，叹口气道，"我从前听人家讲故事，说那头面长得俊的小姐，一定也是聪明灵巧的，我总想这是说书人信嘴编的，那知道就真有。这样一个水葱儿似的小姐，还会这一手活计！这鸟绣的真爱死人！"大小姐嘴边轻轻的显露一弧笑涡，但刹那便止。张妈话兴不断，接着说，"哼，这一封靠枕儿送到白总长那里，大家看了，别提有多少人来说亲呢。门也得挤破了。……听说白总长的二少爷二十多岁还没找着合适亲事。唔，我懂得老爷的意思了，上回算命的告诉太太，今年你有红鸾星照命主，……"

"张妈，少胡扯罢！"大小姐停针打住说，她的脸上微微红晕起来。

此时屋内又是很寂静，只听见绣花针噗噗的一上一下穿缎子的声音和那扇子扶扶轻微的风响，忽听竹帘外边有一个十三四岁的女孩子叫道，"妈，我来了。"

"小妞儿吗？这样大热天跑来干么？"张妈赶紧问。小妞儿穿着一身的蓝布裤褂满头满脸的汗珠，一张窝瓜脸热得紫涨，此时已经闪身入到帘内，站在房门口边，只望着大小姐出神。她喘吁吁的说，"妈，昨儿四嫂子说这里大小姐绣了一对甚么靠垫，已经绣了半年啦，说光是那只鸟已经用了三四十样线，我不信。

四嫂子说，不信你赶快去看看，过两天就要送人啦。我今儿吃了饭就进城，妈，我到那儿看看，行吗？"

张妈听完连忙赔笑问，"大小姐！你瞧小妞儿多么不自量，想看看你的活计哪！"

大小姐抬头望望小妞儿，见她的衣服很脏，拿着一条灰色手巾不住的擦脸上的汗，大张着嘴，露出两排黄板牙，瞪直了眼望里看，她不觉皱眉答，"叫她先出去，等会儿再说吧！"

张妈会意这因为嫌她的女儿脏，不愿使她看的话，立刻对小妞儿说，"瞧瞧你鼻子上的汗，还不擦把脸去。我屋里有脸水。大热天的这汗味儿可别熏着大小姐。"

小妞儿脸上显出非常失望的神气，听她妈说完还不想走出去。张妈见她不动，很不忍的瞪了她一眼，说，"去我屋洗脸去吧，我就来。"

小妞儿撅着嘴掀帘出去。大小姐换线时偶尔抬起头往窗外看，只见小妞儿拿起前襟擦额上的汗，大半块衣襟都湿了。院子里盆栽的石榴吐着火红的花，直映着日光，更叫人觉得暑热，她低头看见自己的胳肢窝，汗湿了一大片了。

光阴一晃便是两年，大小姐还在深闺做针线活，小妞儿已经长成和她妈一样粗细，衣服也懂得穿干净些了。现在她妈告假回家的当儿，她居然能做替工。

夏天夜上，小妞儿正在下房坐近灯旁缝一对枕头顶儿，忽听见大小姐喊她，便放下针线，跑到上房。

她与大小姐捶腿时，有一搭没一搭的说闲话，"大小姐！前天干妈送我一对枕头顶儿，顶好看啦，一边是一只翠鸟，一边是一只凤凰。"

"怎么还有绣半只鸟的吗？"大小姐似乎取笑她说。

"说起我这对枕头顶儿，话长哪。咳，为了它，我还和干姐姐呕了回子气。那本来是王二嫂子给我干妈的，她说这是从两个大靠垫子上剪下来的，因为已经弄脏了。新的时候好看极哪。一个绣的是荷花和翠鸟，那一个绣的是一只凤凰站在石山上。头一天，人家送给她们老爷，就放在客厅的椅子上，当晚便被吃醉了的客人吐脏了一大片；一个给打牌的人挤掉在地上，便有人拿来当作脚踏垫子用，好好的缎地子，满是泥脚印。少爷看见就叫王二嫂捡了去。干妈后来就和王二嫂要了来给我，那晚上，我拿回家来足足看了好一会子，真爱死人咧，只那凤凰尾巴就用了四十多样线。那翠鸟的眼睛望着池子里的小鱼儿真要绣活了，那眼睛真个发亮，不知用什么线绣的。"

大小姐听到这里，忽然心中一动；小妞儿还往下说，"真可惜，这样好看东西毁了。干妈前天见了我，教我剪去脏的地方拿来缝一对枕头顶儿。哪知道干姐姐真小气，说我看见干妈好东西就想法子讨了去。"

大小姐没有理会她们呕气的话，却只在回想她在前年的伏天曾绣过一对很精致的靠垫——上头也有翠鸟与凤凰的。那时白天太热，拿不得针，常常留到晚上绣，完了工，还害了十多天眼病。她想看看这鸟比她的怎样，吩咐小妞儿把那对枕顶儿立刻拿了来。

小姐儿把枕顶片儿拿来说,"大小姐,你看看这样好的黑青云霞缎的地子都脏了。这鸟听说从前都是凸出来的,现在已经踏凹了。您看——这鸟的冠子,这鸟的红嘴,颜色到现在还很鲜亮。王二嫂说,那翠鸟的眼球子,从前还有两颗真珠子镶在里头。这荷花不行了,都成了灰色。荷叶太大,做枕顶儿用不着。……这个山石旁还有小花朵儿……"

大小姐只管对着这两块绣花片子出神,小姐儿末了说的话,一句都听不清了。她只回忆起她做那鸟冠子曾拆了又绣,足足三次,一次是汗污了嫩黄的线,绣完才发现;一次是配错了石绿的线,晚上认错了色;末一次记不清了。那荷花瓣上的嫩粉色的线她洗完手都不敢拿,还得用爽身粉擦了手,再绣。……荷叶太大块,更难绣,用一样绿色太板滞,足足配了十二色绿线。……做完那对靠垫以后,送了给白家,不少亲戚朋友对她的父母进了许多谀词。她的闺中女伴,取笑了许多话,她听到,常常自己红着脸微笑。还有,她夜里也曾梦到她从来未经历过的娇羞傲气,穿戴着此生未有过的衣饰,许多小姑娘追她看,很羡慕她,许多女伴面上显出嫉妒颜色。那种是幻境,不久她也懂得。所以她永远不愿再想起它来撩乱心思。今天却不由得一一想起来。

小姐儿见她默默不言,直着眼,只管看那枕顶片儿,便说道,"大小姐也喜欢她不是?这样针线活,真爱死人呢!明儿也照样绣一对儿不好吗?"

大小姐没有听见小姐儿问的是什么,只能摇了摇头算答复了。

悦读·品悟

憧憬爱情、渴望婚姻有错吗？当待字闺中的大小姐将精心绣制的一对漂亮的枕垫送给白总长，希望借此求得一段美好的姻缘，开启幸福的人生，不料枕垫却被无情践踏，被当作脚垫用。读罢，满世界的悲凉，因为纯真的感情被蹂躏，真纯的付出被践踏。女性命运的尴尬，女性面临的困境，女子的希望破灭，辛酸和苍凉都已经融合在那"摇头"之中了。生在那样的社会，生在那样的家庭，作为女子的她，哪还有说话的权利，她还能说什么呢？这道出了中国几千年封建文化对女子的迫害。

——北京市朝阳外国语学校　翟梦依

（指导教师：王涛）

杀父母的儿子[*]

[法]莫泊桑著　胡适译

作者·导读

居伊·德·莫泊桑（1850—1893），19世纪后半期法国优秀的批判现实主义作家，被誉为"短篇小说之王"。莫泊桑擅长从平凡琐屑的事物中截取富有典型意义的片断，以小见大地概括出生活的真实，叙事畅尽，写情饱满。胡适（1891—1962），字适之，安徽绩溪人。学者。

那位律师曾说被告一定是疯了。不然这件奇怪的罪案又怎样解释呢？

有一天早晨，奢托地方附近的一块河边草地上，发现了两个尸首，一个男的，一个女的，都是地方上著名有钱的人，他两

---

[*] 选自《国文研究读本》第二集，史本直选辑，大众书局1934年版。

人年纪也不少了，去年才结了婚，那时这妇人已经做了三年的寡妇了。

地方上的人都知道这两人是没有仇人的，他们死的时候，并不是被强盗抢劫了的，据死尸情形看来，他们大概是先被人用长铁锹打死了，后来才被丢下河去的。

警察的检验也寻不出什么头绪。河边有几个撑船的，也都考问过，也没有消息。警察都失望的很，正要把这案子搁起，忽然乡村一个做橱桌的少年木匠叫做乔治路易，绰号叫做"上流人"的，出来到官自首，承认这两人是他杀的。

随人怎么问，他只答道，"我认得这男的有两年了，认得那妇人不过九个月。他们时常雇我去修理家用木器，因为我是一个很聪明的工匠。"

官问他，"你为什么杀了他们呢？"

他答道，"我杀了他们，因为我要杀他们。"问来问去，他只是没有别的话。

这个少年木匠大概是个私生的儿子，寄养在别处，后来被抛弃了的。他只叫做乔治路易，没有姓氏。但是他长成时，既有绝顶聪明，又带一种天生的上流仪表，所以他的朋友都叫他做"上流人"。他做个橱桌的手艺，实在很高明，人都说他是一个社会主义的信徒，深信共产主义和虚无党的破坏主义，读了许多残酷的小说，很喜欢谈政治，每到工人或农人开大会时，他总算第一个能动人的演说家。

那位律师曾说他是疯了，律师说，据被告的账簿看来，死者夫妇两人曾于两年之中照顾了被告三千多弗郎的生意。他要不是疯了，怎么肯杀了这种好主顾呢？如此看来一定是这个疯了的"上流人"，胡思乱想的就把那两个"上流人"杀了，以为这是对于一切"上流人"报仇雪恨的法子了。

律师得意扬扬的接着说道，这样一个无父无母的贫人，人家偏要挖苦他，叫他做"上流人"，这种刻薄挖苦，还不够使他发疯吗？他还是一个共和党呢，你们还不知道吗？他的同党，从前的政府也曾枪毙了许多，也曾驱逐了许多，如今可不同了，政府张开了双臂去欢迎他这一党，他这一党本来是用放火作主义，谋杀作常事的。那种不道德的学说，现在到处欢迎，可就害了这个少年人了。他听见共和党的人——甚至于妇女，是的，甚至于妇女——要流刚伯达先生的血，要流葛雷威先生的血，他听了这种话，自然动心，所以他也要流血，要流那些"上流人"的血，所以我说你们不该惩罚这个少年木匠，那有罪的人，不是他，是那市民政府。

法庭上许多观审的人听了这位大律师的雄辩，大家纷纷赞欢，都以为被告的案子是赢了。代表审听的律师也不起来反对他。

承审官照例问被告道，"被告的犯人，你对于自己的辩护还有什么话要说吗？"

那被告听了问官的话，站了起来。

被告身体矮小，头发作浅黄色，眼睛作灰色，露出一种明瞭镇静的眼光。他说话时，口齿清楚，声音响亮，不消几句话，便把法庭上许多人刚才所有的成见都变换了。

他说，官长，依这位律师的话，我简直是要进疯人院了。我不愿进疯人院，我宁愿死，总不愿人家把我当作疯子，所以我还是我自己招认了罢。

"我杀这个男的和女的，因为他们是我的父母。

"诸位且请听我说完，然后下评判。

"有一个妇人，生下了一个男孩子，把他送到别处去抚养。这个私生的孩子永远不能出头，永远受苦——简直可说是受死刑，为什么呢？因为有时月钱断绝了，那狠心的乳娘竟可把孩子冻死饿死，这种情形，那亲生的母亲可知道吗？

"幸而抚养我的那位乳娘倒有点良心，比我自己的母亲好的多呢！这乳娘把我抚养长大。——其实她不该如此，正该让我死了，你看大城镇近村乡里那些丢下的私生孩子，最好是冻死饿死，像垃圾一样，倒了就完了！

"我从小到大，总觉得身上背着一种羞耻的印子。有一天，几个小孩子叫我做'野种'。他们在家中听得这两个字，其实并不懂得什么是野种。我自己也不懂得这两字的意思，不过我总觉得难过。

"官长，我在学堂里要算一个顶聪明的孩子。要是我的爹娘不曾下这狠心肠把我丢了，我也许成一个很有学问的人。

"是的，我的爹娘对于我真是犯了一桩罪过。他们犯罪，我来受苦。他们狠着心肠。我无处伸冤。他们应该爱我的，谁知却把我抛弃了。

"我难道不晓得我这条命是他们给我的吗？但是光给这条命有什么用处？依我看来，有这条命反是一桩大不幸。他们既然把我丢了，我对他们无恩可说，只记着仇恨。他们对我犯了一桩最残忍，最无人心，最大的罪恶！

"一个人被人羞辱了，可以打他，被人抢劫了，可以夺回来，被人欺骗了，可以报复他，被人陷害了，可以杀他。——但是我被人抢劫了，欺骗了，羞辱了，陷害了，我所受的痛苦比那种人还要深得多。

"我替自己报仇，——我把他们杀了！这是应有的权利。我把他们的快活生命来换他们硬给我的这条苦命。

"你们一定说我是杀父母的逆子！我为了他们受了无限的苦痛，受终身的羞辱——这两个人可以算得是我的父母吗？他们自己寻快乐，无意之中生下一个孩子。他们硬把这孩子压下了。不料后来也轮到我来压下他们了。

"其实我从前本有意认他们，有意爱他们。这男的两年前初次到我这里来。我毫不疑心。他定买了两件家具。后来我才知道他暗地里早从本地神甫处打听着我的来历了。

"从此他们常来寻我，照顾了我许多生意，每回价钱都很过得去。有时他和我闲谈这样，又谈那样，我渐渐觉得喜欢这个人。

"今年春上，他带了妻子同来。他妻子就是我的母亲。一进门，她就遍身发抖，我还以为她发了什么神经病。后来她坐下了，讨了一杯水喝。她没有说什么，只痴痴的看我做工，那男的问她话时,她只胡乱答应'是'或'不是'。她走了过后,我心想这两人一定是有神经病的。

"过了一个月,他们又来了。那女的这回却很镇静了。那天他们谈了一回,定下许多木器家具。后来我还见过那女的三次,总不曾起什么疑心。有一天,那女的问起我的家世和我小时的历史。我答道,'我爹娘不是人,把我丢了。'那女的听了这话,用手抓住自己胸口,便晕倒了。我立刻明白了,晓得这女人就是我的母亲。但是我装做不知,好留心观察他们。

"从此我也打听他们的历史,才知道我母亲刚做了三年寡妇,他们到去年七月才结婚的。外间传说我母亲的前夫未死时,他们两人早有了爱情的事。但是这事可没有凭据。我就是凭据了!他们先前隐藏着,后来要想毁灭的凭据,就是我。

"我静待了不多时,一天晚间,他们又来了。这一天那女的好像很有点感动,我也未知为什么缘故。女的临走时对我说,'我祝望你事业发达。你看来很诚实,又肯发奋做工。将来你总得娶一个妻子,我来帮助你自由拣一个配得上你的女人。我曾经嫁过一个我不愿意嫁的人,所以我深知道这种婚姻的痛苦。现今我有钱了,没有儿女,自由享受我的财产。我这手里便是送你妻子的嫁资。'他们说,伸出手来,手里拿着一个封着的封套。

"我直望着她,直说道,'你是我的母亲吗?'她退后了几步,把双手蒙着脸,不敢看我。那男的扶着她,喊着对我说道,'你疯了吗?'我回答道,'我并不疯。我知道你们两人是我的父母。不必瞒我了。你认了,我肯守秘密,不告诉外人,我也不怨

恨你们,我还依旧做我的木匠。'

"那男的扶着女的,向门口退下,女的要哭了。我把门锁了,把钥匙放在袋里,对她说,'你瞧她这副情形,你还敢赖,说她不是我的母亲吗?'

"那男的越发生气了,脸上变色,心里害怕守了这许久的丑事如今要豁发了,他们的身分,名誉,都要失掉了。他说道,'你是一个光棍,你想讹诈我们的钱吗?我们好心想帮助你们下等人,不料反受这种气。'

"我的母亲不知如何是好,口里只说,'我们去罢,我们去罢!'那男的走到门边,见门锁了。喊道,'你要不立刻开门,我就告你讹诈钱财,捉你到监牢里去,'我也不理他。我缓缓的把门开了,望着他们出去,看不见了。我那时好不难受,就像我本有父母,此刻忽然失掉了,被丢下了,逼到走投无路了。我心里非常痛苦,夹着一股怨恨,一股怒气,我周身都震动了,实在忍不住这种不平,看不过这种下流的手段,受不了这种羞辱。我那时也拔脚就跑,想赶上他们。我知道他们一定要经过赛因河上奢托车站去。我不久,就赶上他们了。那时天已全黑。我悄悄的跟着他们,不使他们听着我的脚步。我的母亲还在哭着,我的父亲正在说道,'这都是你自己的错处。你为什么要见他呢?我们现在居什么地位?这不是发了疑吗?我们仅可以远远的帮助他,何必亲自去找他。我们既不能认他,又何必冒此危险呢?'

"我听了这话,便冲上前去,哀求他们道,'你们?你们果然是我的爹娘。你们已经抛弃我一次了,难道你们还不认我吗?'

"官长，那男的动手打我！我在公堂上发誓，他动手打我。我抓住他的硬领，他伸手向袋里摸出一把手枪，那时我的血都冒上头来，我自己也不知做的什么事了。我袋里带着我的铁圆规（画图所用），我摸出来拼命打了他无数下。那时我母亲大喊着，'救命呀！杀了人了！'她一面喊，一面来抓我的头发。……人告诉我说我打她也打死了！我如何知道那时做的事呢？

"后来我见他们都倒在地上，我也不用思想，便把他们都抛到赛因河里去了。

"我的话说完了，请你定罪罢。"

被告坐下来。有了这番供状，这案子须得下次再开庭判决。案子不久又要开审了，如果我们自己做陪审官，这件杀父母的案子应该怎么办呢？

悦读·品悟

字里行间，起承转合，仿佛道尽了那世间至为犀利的陈情。不得不说，这个故事的开端显然是有些令人啼笑皆非的，却又不自觉地让人蓦然间徒增几丝悲凉。若要留给下一个人，甚至是下下个人来评判孰是孰非，相信也是没有定论的。因为故事里的人和我们看到的不同，抑或是我们都没有看到。那对夫妇是迷惘的，他们腰缠万贯，有权利，有金钱，他们可以作为"上流人"每天沉浸在歌舞升平的浮华奢靡中，这些对于他们都是不可失的。为了挽救那岌岌可危的脸面，毫无疑问，他们选择了放弃亲情,放弃亲生儿子。或许这些人情世故,变幻冷暖,在那个腐朽陈旧的社会中也是司空见惯的。而他们的儿子,也就是那个木匠,则选择了更加偏激的方式。那些期盼,渴望,甚至是爱,都在父母放弃自己的那一刻跌的粉碎,再也无法还原。而他,却将这些冗杂的心结结成了一个密不透风的茧,织成一张巨大的充满恨意的网,以此宣泄释放压抑的情绪。虽是极端,却在情理之中。始于情,止于情,始于恨,止于恨。或许最后我们也只能付之一叹,再无多言。

——北京市朝阳外国语学校　席婧霏

(指导教师:孟维丽)

洛绮思的问题[*]

陈衡哲

作者·导读

陈衡哲（1890—1976），笔名莎菲，祖籍湖南衡山。中国新文化运动中最早的女学者、作家、诗人，也是中国第一位女教授，有"一代才女"之称。她的成长与成就都得益于一种观念、一个宗旨，那就是"造命"。她抵制了父亲包办的婚姻，也拒绝了别人提供的做达官贵人的少奶奶之路，自己缔造了美满的爱情生活。

一 好花未放月将圆

洛绮思的初次遇见瓦德白朗，是在她卒业于大学的那一年。

---

[*] 选自《初级中学国语教科书》第三册，戴叔清编，文艺书局1933年版。

她在学校时，最喜欢研究的是哲学，所以她决计待卒业以后，再去继续研究两三年，俾将来在哲学界里，可以有一点贡献。那时瓦德方主任美国奈冈大学的哲学部。他的学问的成绩，在哲学界及教育界，是无人不知道的。洛绮思在学校时，也曾常常参读他的著作，心中十分佩服。所以她卒业以后，便择定了奈冈大学的卒业院，去完成她的学业。

这时瓦德差不多有四十岁了，但因为他对于学问的兴趣太浓厚了一点，竟还不曾娶有妻子。洛绮思却还没有满二十五岁。他们两人彼此对待的态度，只有恭敬和钦佩，不过洛绮思在钦佩之中，带着崇拜；瓦德在钦佩之中，带着奖励罢了。

但是隔了三年——就是洛绮思得到博士学位的那一年——他们的朋友们，忽然得到了一个通告，说他们俩已经订了婚约了。那些朋友们虽然不曾料到这一件事，但此时也并不十分惊怪。一位哲学大家，与一位已经卒业的高足弟子订婚，本来也不算什么奇事。这个消息的传出，不过使一般失意的青年们羡慕，以为命运待他们两人独好，使他们得着这样难得的机会，这样美满的结果罢了。

他们订婚后不到一个月，瓦德便与洛绮思分别，去赴那哲学会的年会。他们约好，年会过后，他将到她的姑母的乡下家中去，和她商量结婚的事件。

瓦德在年会中间，饱受了他的朋友们的羡慕和祝贺，因此他心中愈加得意。他想，自从我认识了洛绮思之后，才知道除了学问之外，人生还别的意味呢。年会终毕之后，他便匆匆忙忙的乘车到洛绮思的姑母家去了。

二　雅典娜战胜了爱神

那车足足走了一日一夜，到了第二天晚上，才到了瓦德的目的地。他一下车，便见洛绮思立在车站外，伸着手等候他。她脸上带着微笑，但却不是他们俩订婚前后的笑容，乃是她在课室中听讲时的笑容。他又觉得她的态度，也很冷淡。但见着她是已经够喜了，别的何妨慢慢再说呢。

于是他们雇了一辆汽车，一直到她的姑母家中去。她又把他引见了她的姑母纳生太太。但她并不申明他是她的未婚夫，她对于她的姑母，但称他为白朗先生，说是她的一个好朋友。纳生太太也似乎已经领会一切，并不追问。

那天晚饭之后，他们三人便一同到客厅里去，纳生太太织着领巾，洛绮思弹着钢琴，瓦德斜倚在窗边的一张沙发上听着。

洛绮思弹完了一曲，便笑对瓦德说道："尊贵的客人，你愿意再听些什么呢？"

纳生太太是一位老于世故的人，此时她不待瓦德答，便说道："我想你们不如回到园子里去散散步罢。我今天有些疲倦，恕不奉陪了。"

瓦德听了此话，正中心怀，便对洛绮思看着。此时洛绮思也立起来了。于是他们两人向纳生太太道了晚安，一同出了客厅，走向园子里去。

瓦德一面走着，一面说道："洛绮思，你为什么这样冷淡呢？我若是得罪了你，你也须给我一个请罪的机会呀！"

洛绮思笑道："你说得不错，我确有点怪你呵！你差不多害了我一生的事业了！"

瓦德惊道："什么？我竟犯了这么一桩大罪吗？"

洛绮思道："但你自己却不曾知道。"

此时他们已经在树旁找着一张铁椅子，一同坐了下来。

洛绮思继续说道："我们分别了半个多月了，在这半个月中，我曾把我一己的问题，细细的想过。我想，结婚的一件事，终究是很平常的，人人做得到，惟有那真挚高尚的友谊，却不是人人能享受的啊！"

瓦德道："这固然不错，但在这个友谊之上，若能再加一个更为亲密的关系，岂不更好吗？"

洛绮思摇头不答。

瓦德又道："比如我们两人，学业相同，才智相类，彼此相敬相慕，假使我们能永远在一处，这岂独是我们两人莫大的幸福？或者靠了我们两人的协力合作，他日还能在学术界中，有点有价值的贡献。但是除了结婚之外，你想还有什么法子，能使我们永远在一处呢？我们若不永远在一处，又怎能保得他日没有别人，跑到我们的中间来呢？"

洛绮思道："恕我不能和你同意。第一层，你说必须大家同在一处，才可以互相助成学业，这话我是不承认的，我认识你以前，你已经是那么大名鼎鼎的了，难道你也归功于我吗？"

瓦德笑道："不认识你便罢了，既是认识了你，我的学业的成就，便少不得你的帮助啊！"

洛绮思道："第二层，你说我们若不永远在一处，就恐怕他日有人要跑到我们的中间来，这也未免过虑了。这件事，在我一方面，是完全靠得住的。在你的一方面呢，我想来也没有什么靠不住，你不是已经过了四十年的独身生活吗？"

洛绮思说到这里，便把眼向瓦德很诚恳的看着，但瓦德似乎不曾听见她的话。

洛绮思又道："第三层，你应该知道，结婚的一件事，实是女子的一个大问题。你们男子结了婚，至多不过加上一点经济上的担负，于你们的学问事业，是没有什么妨害的。至于女子结婚之后，情形便不同了：家务的主持，儿童的保护及教育，哪一样是别人能够代劳的？"

瓦德默然，隔了一会，才说道："倒亏你想得到这么远。但在我们未曾订婚之前，你为什么一些也不曾想着呢？"

洛绮思道："这是我应该向你深深的道歉的，那时我确实没有想到这么远。但是，我的朋友，现在还不能算太迟呵！"

瓦德道："如此说来，你是当真要反悔我们的婚约了。我想孤独的生活，也不见得有什么可羡的地方。"

洛绮思道："你从前不是常常说过，学问和事业，是人生最好的伴侣吗？你知道我是一个野心极大的女子——虽然我并没有什么虚荣心，但我若是结了婚，我的前途便将生出无数阻力了。"

瓦德又默然。隔了好一会,才很郑重的答道:"是的,我也承认这是女子的一个大问题。你若是平常一点的女子,这个问题倒也不难解决。"

洛绮思道:"我不大懂得你的意思。"

瓦德道:"我的意思是,假如你是一个没有野心的女子,那么,结婚的一件事,倒也不成问题了。你认识我的同事佳司先生的夫人吗?"

洛绮思道:"曾见过一二次。"

瓦德道:"你看她怎样?"

洛绮思微笑道:"但是,你愿意我是那样的一个女子吗?"

瓦德道:"自然不愿。岂但我不愿你像佳司夫人,即使你和马德夫人一样,把抚育子女看做人生的唯一目的,你也是不能使我这样的钦佩和敬爱的。"

洛绮思道:"你不要小看了马德夫人,像她这样的女子,也是不易多得的。你看她的子女,何等聪明,何等可爱,我常常自想,若使每个女子都能做一个彻底的贤母,那么,世上还有什么别的问题呢?……"

瓦德笑道:"可又来了。那你自己为什么又不去实行你的主张呢?"

洛绮思道:"且慢着,我还没有说完呢。我想,一个女子的性情和人生观,若能像马德夫人一样,那么,结婚的一件事,非但不能妨害她,并且反能完成她的野心和希望,她实在可以说是世界上最快乐的女子了。但不幸各个女子的思想和性情,是不能一样的。即以我而论，你想像马德夫人一般的生命，——无论我怎样的敬重和赞美她——能使我快乐心足吗？"

瓦德叹了一口气道："我明白你的意思了。但是，"此时他抬头看看天空，接着说道："你看天上的星光，何等皎朗。我们且谈谈别事，此事留到明天再谈罢。"

洛绮思低下头去，很惭愧的答道："瓦德，我真对不住你，我应该先把这个问题细细的想过，再回答你前次的要求的。"

此时瓦德也不由自主的把头低了下去，他执着洛绮思的手，凄然说道："洛绮思，我的爱你，我的崇拜你，便是为着你是一个非常的女子。若是为了我的缘故，致使你的希望不能达到，那是我万万不能忍受的。你应该知道我并不是那样自私的人。若能于你有益，我是什么痛苦都肯领受，什么牺牲都能担当……"

瓦德说到这里，觉得喉咙里有物梗着，再也说不下去了。他又看看洛绮思，只见她已泣成了一团。此时园中的星光，更加明朗了。在星光之下，可以看见许多蝙蝠，来往飞绕，有时还有几个火萤，在草地上扑飞着。墙角上的金银花，却轻轻的放出它的香味，送到他们两人的身旁来。他们在这个静寂而神秘的夏夜中，正不知道坐了多少时候。他们各人想着各人的心事，差不多忘记凉露侵肌了。后来还是瓦德先醒过来，站起来说道：

"夜深了，我们回去罢，今天的谈判已经够了。"

洛绮思将她的右手伸与瓦德，凄然道："那么，瓦德，你是答应了我的请求了。"

瓦德听了此话，又似乎着了电气一般，此时他方真正的明白,他们两人今晚所谈的是什么一个问题了。洛绮思的意思,不是要和他解约吗?他不是已经答应她,为了她的缘故他情愿牺牲一切吗?照这样说来,他们的婚约确是已经解了。但这可太骤然呵!这可太像梦境了!或者他真是在做梦罢?他方这样昏昏的想着,忽又听见洛绮思的声音,凄然说道:

"瓦德,你为什么不开口呢?你是恨我了!"

瓦德此时一面扶着洛绮思向屋子里走去,一面答道:

"我怎能恨你呢,洛绮思?我不是已经答应了你吗?"

他虽然这样说着,但心中仍是恍恍惚惚的,不大明白他自己说的是什么话。

三　金坚玉洁的友谊

明天一早,瓦德写了一封信,请纳生太太转交与洛绮思,他便托故与纳生太太告辞匆匆的走了。洛绮思因一夜不曾好睡,直到天明时,方蒙眬的睡去,所以醒得略迟些。她还没有起身,早见她的姑母拿着一盘早餐笑着走进来了。那盘里还放着一封信。她一眼看见,便明白是谁写给她的。她忙把那信拆开,只见上面写着道:

"我的朋友:

　　昨宵的谈判,虽甚悲痛,但却也十分畅快。我们经过这番谈判之后,当更能明白彼此的性情和希望了。亚里斯多德曾经说过：'悲哀的经验，能锻炼人的感情，使他更为纯洁，更为高尚。'我此时方能真正了解此话的意义。我愿我们两人永能保持这一点经过火炼的感情，永能在学问及人格的大道上互助着，俾彼此都能达到我们理想中的目的地。

我本想多住几日再回去的，因恐我们再见三见之后，又将生出意料不到的纠葛来，或反于我们的友谊有害，故不如即行为是。昨晚的谈判，固然是我生平最悲痛的经验，但它也是我生平最伟大的经验，我愿永远保存它在我的心之深处。

请你恕我的不别而行，愿你明白我所以如此的苦衷。此后我的生命，将如寒天的枯林了，愿你的信札能如小鸟般的常常飞来，给它一点生意。我的地址是与前一样的，我的行迹虽将从此无定，但我的信是有人转寄的，请你放心。

你的老友，瓦德。"

洛绮思把此信反覆看了几遍，更觉得瓦德是一位诚恳而多情的男子，心中尤觉凄然。她匆匆的起了身，立刻给他写了一封回信。其中有一段说道：

"你把你的生命比寒天的疏林，真是清峻极了。我愿你能享受这个清逸而富有诗意的生命，不要误以它为枯寂……

我当感谢你所给我的自由。我现在的生命，真如大洋中的一叶轻舟，天涯水角，任我纵棹了。但是，朋友呵！在这样情景的中间,错落的岛屿,和闪烁的明星,也是极欢迎的伴侣呵!我愿你能像北极星一样,永远在我的生命的大洋上照耀着,引导着,陪伴着……"

自此以后,他们两人便常常的通信了。他们的交情愈益淡,但也愈益深。但瓦德的朋友们,是都知道他不久便要结婚的,此时见他绝口不提一字,不免有些怪异。有时有人去揶揄他,问他打算到哪里去过他的蜜月,他终是苦笑而不答。有时被人问得急了,他便答道:"洛绮思是一个百世不一见的奇女子,谁能忍心把结婚的俗事,去毁败她的前途呢?"朋友们听了此话,更是诧异,只得笑着答道:"哦,原来如此。大哲学家的恋爱,真是与别人不同呵!"

但不到三个月,他们两人正式解约的消息,又传出去了。他们的朋友们方深相叹息此事的不幸,忽然又得到了一个更奇的通告,说瓦德又与一位中学校的体操教员订了婚约,并且立刻结了婚,同到南方的海边避暑去了。

洛绮思得到瓦德结婚消息的时候,心中未免有些不舒服,对于瓦德也未免有些怨怼和失望。但她是一位哲学家,又是深有心理研究之人,所以不久便把这一件事阐悟得晶莹透彻。此时她不但不责怪瓦德的无情,并且反觉得自己对不住他,以为他若不曾和她有过这番先乐后悲的经验,又何至于急不择偶,去和一位与他志行学问绝不相类的女子结婚呢?但她究竟不知道瓦德此时的心是怎样,或者他已不愿意再与她通信了罢。然她又不能不睬他,她思之又思,遂决意用老友的态度,写了一封贺信给他，并诚心的祝望他们两人将来的幸福。

瓦德接到此信时，已经和他的新夫人度过蜜月了。他把那信看了又看，心中不免疑惑起来。他对于洛绮思虽是已经绝了希望，他自己虽是已经娶了妻子，但是火息而烬未灭，那个又甜又酸的回忆，仍是常常要来窥探他的心之奥室的。此时他见洛绮思的语气如此疏远，如此冷淡，不觉心中有些不自在，心想莫非她怪我恨我了吗？我怎能不辩白一下呢？于是他便写道：

"我的亲爱的朋友：

瓦德结婚了！蜜妮！——这是我的妻子的名字——是一个爽直而快乐的女子，虽然略有点粗鲁。她当能于我有益，因为我太喜欢用脑了，正需她这样一个人来调调口味。

有许多我的朋友们，以为我应该找一个志同道合的人来做终身的伴侣，我岂不愿如此，但是，洛绮思，天上的白鹅，是轻易不到人间来的。这一层不用我说了，你当能比我更为明白。

我不愿对于我的妻子有不满意的说话，但我又怎能欺骗自己，说我的梦想是实现了呢？我既娶了妻子，自当尽我丈夫的责任，但我心中总有一角之地，是不能给她的那一角之中，藏着无数过去的悲欢，无限天堂地狱的色相。我常趁无人时，把它打开，细味一回，伤心一回，让它把我的心狠狠的揉搓一回，又把它关闭了。这是我的第二个世界，谁也不许偷窥的。它是一个神秘的世界，它能碎我的心，但我是情愿的；它有魔力能使我贪恋那个又苦又酸的泉水，胜于一切俗世的甘泉。

我的朋友，请你恕我的乱言。我实愿有一个人，来与我同游这个世界。我怎敢希望这个人是你呢？但你却是这个世界的创造者，没有你便没有它，所以它是纯洁的，出世的，不染尘滓的。

我不多写了。我要求你明白，瓦德虽是结了婚，但他不曾因此关闭了他的心；尤其是对于洛绮思，他的心是永远开放着的。

我永远是你的，瓦德。"

但他写完这封信之后，忽然又觉得不妥。他更自思量，觉得他和洛绮思的交情，是不应该这样的。洛绮思不是他的一个敬爱的朋友吗？但这信中的情意，却是已经越出朋友范围之外了。这不但要对不住他的夫人，并且岂不是把洛绮思待他的高尚纯洁的感情，抛到污泥中去了吗？他将何以对她呢？他将何以对世上的女子呢？固然，他是有权可以保存这个心中的秘密的；固然，他的已碎的心是不怕再受伤损的，但他却无权去伤害他人的心，他只应把这个秘密的种子保存在他自己的心中，不应把它种到肥土里去，让它去受那日光雨露的滋养；因为他所开的花，不但要刺伤他的夫人，并且还要给洛绮思以极大的痛苦的。他想到这里，便决意把这粒种子收回他的心之秘处去，永不让它再见天日了。

下面是他所寄与洛绮思的信:

"洛绮思:

瓦德结婚了！承你相贺，极感。他是该受你这个贺意的，但他也值得受你的恕谅和悲悯。

蜜妮——这是我的新夫人的名字——是一个爽直而康健的女子，她是常常很快乐的。她自己虽不是一个学者，但却是学者的好伴侣。你若是见了她，一定也要喜欢她的。

我似乎不应求你的恕谅，因为这似乎是说，我还不曾了解你的心意。你自然是恕我的——我的结婚于我们的交情有什么关系呢？——但我总觉得应该求你的恕谅。

我为什么要求你的怜悯呢？这更难说了。你是独身的，我是结了婚的，该受怜悯的，似乎不该是我罢。但是，洛绮思，我仍是该受你的怜悯的。你是慧心人，我又何用多说呢？求你可怜我，不要把我抛弃罢。

我祝你永远像天空的飞鸟，云栖霞宿，前程无疆。我愿你他日的成就，能使你这个教师和老友惭愧，请你记着，他对于你的敬爱，是永不会改变的。在你翱翔的途程中，若有需他帮助的地方，请你随时使他知道，因为这是他生命中的一个最大的希望和快乐。

你的忠诚的朋友，瓦德。"

洛绮思得到这封信之后，又是感慨，又是喜悦：她一方面深怜瓦德；一方面又庆幸他们两人的友谊，可以从此继续不断。因为他们此时的交情，真像经过火炼的赤金一样，是什么杂质都没有的了。他们自知已是没有嫌疑可避，除下切磋学问，勉励人格之外，在他们两人中间，是没有别的关系可以发生的了。但他们的朋友们怎能明白这个呢？他们但见瓦德和洛绮思的交情，又经过了一个变化，他们但觉得从前的迷雾，更深一重罢了。

四　梦回添惆怅

此时洛绮思已经有四十多岁了。她已做了十余年的大学教授，现在她是一个著名女子大学的哲学主任了。她对于哲学的贡献，已是有了国际上的地位；她的著作，也已经译成了许多种的外国文。她少年时的梦想，她少年时的野心和希望，此时都已变成事实。她的学业，也真能做她的良好伴侣。况且她现在在学界里的名誉，也万万不是那些专慕虚荣的女子所能得到的。是的，她少年时的梦想，都已成为事实了。但她的梦可曾做完吗？

有一次，她又做梦了。她觉得自己是一个已经结了婚的中年妇人。那天她和她的丈夫——似乎便是瓦德——坐在廊下休息。那时正是夏天的初夜，金银花的香味，自墙角上阵阵的吹来。她的丈夫口中吸着香烟，却抬着头看那如丝如雾的烟气，在月光中轻轻的飘着。她自己坐在一张摇椅子上，身上和心里都似乎充满了和谐的感觉；又如在炎热的天气，在树荫之下，饮清甜的泉水，但觉得安闲畅适，与天上的明星朗月，空中的花香草味，融合为一。他们两人并不言语，但她觉得他的心中，一定也是这样感觉的，她又觉得她自己已经是两个可爱的小孩的母亲了。他们仿佛有十余岁大，现在却都已安睡在楼上。当她想着这两个聪明小鸟的时候，她不觉欣然笑了。她便觉得要把这个快乐，去分一点给她的丈夫。但她却不知道应该叫他作什么。他似乎是叫作瓦德罢。她恍恍惚惚的站了起来，走到他的面前一看，呵呀！哪里有什么瓦德！那坐着吸烟的，简直是一个素不相识的粗工人。他见了她也不言语，仍旧吸着他的香烟。她心中一震，睁眼一看，原来她却躺在自己廊下的一张摇床上呢！她手中的一本书——她的一本著作，是新近译成德文的——已经抛到地下去了。

她此时虽醒了，却仍懒洋洋的躺着，连那一本抛在地下的书，也懒得去拾起来。一霎时间，她的身世都涌到心上来了。她默自思量，假使那梦中的粗工人变为瓦德，那么，那梦中的生活将怎样的可爱呢？此时她忽然感到她现在生活的孤寂了。她又看看她的成功的标记，——她的著作，——可是奇怪，从前能使她得意快乐，使她心血沸腾的一本书，现在忽然变为一堆废纸，一些儿也不能引起她的兴趣来了。

但她很明白，这不过是一时的情绪，是不会永远留在她的心上的。果然不到一天，她仍旧回复了她原来的感觉，仍旧用了全副精力，全副情绪，去做那大学教授的事务了。

但她可真能忘记这个梦吗？她虽竭力的想把那个梦的鬼赶去，但终归无效。她对自己说道："假使我十余年来的生活，真和那梦中的一样，那我在学业上的成功，又怎会这样大呢？"但那个鬼驳她道："但你在梦中之时，并没有什么不心足呵！"她又斥他道："胡说！若使那梦中的我，是一个一无成就的女子，那我心中的和谐，一定就保不住了，我一定就要觉得不心足了。"那鬼似乎又笑着说道："那么，假使在你现在功成名就之后，再去把那个梦重行做过，你看是怎样？"她听了这话，不觉脸上微微的红了起来，又没有话可以回驳他，但觉得心中充满了惭愧和烦乱。她此时方明白她生命中所缺的是什么了。名誉吗？成功吗？学术和事业吗？不错，这些都是可爱的，都是伟大的，但他们在生命之中，另有他们的位置。他们或能把灵魂上升至青天，但他们终不能润得灵魂的干燥和枯焦。

　　但她的已往可容她的反悔吗？她明明知道，她做那个梦的时候，若非在她学业已成之后，她在梦中的感觉也就决不会那么和谐，那么完美的。她将听了那个梦鬼的劝告，重去做一做那个梦吗？照理想方面看来，这似乎是一个极好的办法。但是重做这个梦，也须有个条件呵！那梦中的金银花，不妨永远开放，永远馨香，但她自己园中的金银花，却是不待秋风之来，便要零落凋谢的。减去了金银花的香味，那梦还有什么意思呢？

　　有一天，她正坐在廊下这样痴痴的想着，猛抬头看见对面的一带青山，正落着夕阳的反照，金紫相间，彩色万变，说不尽的奇伟美丽。她对着那青山注视了许久，心中忽然如有所悟，觉得那山也和她的生命一样，总还欠缺了一点什么。她记得从前在离山数十里的地方，曾见过一个明丽的小湖，那时她会深惜这两个湖山，不能同在一处，去相成一个美丽的风景，以致安于山的，更得不着水的和乐和安闲，安于水的，便须失却山的巍峨同秀峻。她想到这里，更觉慨然有感于中，以为这真是天公有意给她的一个暗示了。

但是，这个感慨，这个惆怅，除了洛绮思自己之外，却只有对面的青山，能够了解和领会。就是她的老朋友瓦德，——现在已是子女满前的瓦德，——也是绝对不容窥见这个神圣的秘密的。

悦读·品悟

落日残夏，冷夜将天际边的最后一抹温热吞噬。读罢文章，我似乎看到，中年的洛绮思静静地坐在月光下的摇椅上，淡淡地回忆着过往。也许有人会感叹：洛绮思为什么不能直率地面对自己的感情。或者有人会惋惜：瓦德当时要是可以勇敢一点地去争取他的爱，如今也不会只能看着爱人远去的背影了。这种对爱情与事业的徘徊，那个迟到的梦，恰恰写出新时代女性在追求思想自由人格独立时必将面临的选择。

我们都是怀着各自的心性走在属于自己的人生路上。洛绮思的理想对新女性而言是伟大的，她的精神是值得被赞颂的。结局如我所愿，瓦德并非像有些世人般因为失去了爱而撕心裂肺，肝肠寸断。洛绮思只是坦然地面对了这一切，并悄悄地将其尘封起来，永远地埋在了心底。他们从来都在各自的人生路上走得坦荡。读者也不能为她做出的选择下一个是非的评判,正如洛绮思自己所说,安于山还是安于水,不同的女子会做出不同的选择,只要自己确定,又何须在意别人的眼光?而那不可兼得之痛,也许正是人生的意义所在。

几十年过去了,那个感慨,那些惆怅,也许将由现在的青年女性来书写更加完美的续篇。

——北京杨镇一中　高炜

（指导教师：曾绣青）

鸽儿的通信[*]

苏梅

作者·导读

苏梅（1897—1999），字雪林，笔名绿漪，安徽太平人。作家。著有《绿天》《荆心》等。她的作品形式多样、内容广泛，天文、地理、科学、历史、风土人情、自然风光、山川河流、月夜星空，全部囊括其中，同时又充满女性作家特有的细腻笔法，本文便是其中的代表。

秋天来了，也是无花果收获的时期了。但今年无花果不大丰稔。在那大而且厚的密叶中，我翻来覆去的寻熟了的果子，只寻到两个。其余都是青而且都只有梅子般大小——就是这样的也不多，一株树上至多不过十个。懊恼；去年冬天我还在树

---

[*] 选自《初中一年级国文读本》第三册，北平文化学社编，文化学社1932年版。

下埋过两只病死的鸡呢，它所报酬我的却只有这一点，——真吝啬呀！

提到鸡我又要将它们的消息报告报告了，你去后小鸡长大了不少。但八只鸡之中只有三只母的，其余都是公的。母鸡全长得轻巧玲珑，便捷善飞，譬如它们在墙根寻虫豸吃时，你这里一呼唤，他们便连跳带飞的赶过来，一翅可以一丈多远。据说这都是江北种，将来不很会生蛋的。于是我记起母亲从前的话了，母亲曾在山东住过，常观北边的鸡会上屋，赶得急了，就飞上屋顶去了。又会上树，晚上差不多都登在树上，像鸟似的。后来读古人诗如陶渊明的"狗吠深巷中，鸡鸣桑树巅"，杜甫的"驱鸡上树去，始闻叩柴荆"等语，于母亲的话，更得了一层证明，不过总还没有亲见；现在见我们鸡之能飞，很感趣味。

小公鸡更茁壮，冠子虽没有完全长出，但已能啼了，啼得还不很纯熟，没有那只大白公鸡引吭长鸣的自然，然而已经招了他的妒忌。每晨，听见廊下小公鸡号救声甚争，我以为有谁来偷它们了；走出一看，却是那大白公鸡在追啄它未来的情敌呢。小公鸡被他赶得满园乱飞，一面逃，一面叫喊，吓得实在可怜，并不想回头抵抗一下。——如果肯抵抗，那白公鸡定然要塌台，他是丝毛种，极斯文，不是年富力强的小公鸡的对手。——我于是懂得"积威"两字的利害，这些小公鸡从幼在这园里长大，惧怕那白公鸡是素有的，所以不到力量足以防卫自己时还不敢与它对敌。一个民族里有许多强壮有为的青年，能被腐败的老年人，压制得不敢一动，就是被积威所制的缘故。

不过大白公鸡威名坠地的时期也不远了。只要这些小公鸡一懂人事知道拥护自己的利权时，革命就要起来了。——我祝这些小英雄胜利！

悦读·品悟

从来没想过童趣、深情和理性这三个毫不相关的词能结合得如此自然。

秋来了，去收无花果了，便又想到小鸡了，一提到小鸡，又恍惚想起它们飞上房，追啄喧闹的二三事。作者就像一个天真的孩子，思维跳脱得充满了快乐与对一切事物的好奇。然而她的文字又是这样的细腻，以至于流露出来的深情怎样都掩藏不住。怎样才算爱自然呢？大概就是像这样，把自然的一切都当成朋友，能无芥蒂地与之交流，把自己和它们融为一体吧。给鸽儿通一封信，采撷一下新成熟的无花果，怨一下今年的收成，再亲昵地提一下自己养的鸡，言语间包含着母亲对自己家孩子顽皮时候的包容，对孩子的期待与宠溺。

然而她想到的远不止这一点，看到大白公鸡欺压小公鸡，而小公鸡仓皇逃命，她又想到了革命与积威的力量。大公鸡积威已久，意识到了小公鸡的威胁，便产生了敌意。而小公鸡虽然能力强，却一直在躲避。这不就是革命的微缩写照吗？正义的力量虽然强大,却处于多年被镇压的环境且并不自知,倘若知道要抵抗了,"革命就要起来了"。

——北京市第二十中学　陈心露

（指导教师：居铁）

菊　子[*]

陈西滢

作者·导读

陈西滢（1896—1970），原名陈源，字通伯，江苏无锡人。作家。曾任教于北京大学、武汉大学。1946年出任国民党政府驻巴黎联合国教科文组织首任常驻代表。代表作品《西滢闲话》《西滢后话》。

这样的事，现在也何尝没有！就是新近我还遇见了一个人，叫我为难了好半天，事情倒很简单，一会儿就可以说完的。

河南小胡，比我早来两年。我到的时候，他已经娶过半年了。我第一次到他家去，遇见了他的夫人菊子，就得到一个很好的印象。不是，她的样子并不美，不过是中人之姿罢了。可是她

---

[*] 选自《初级中学国文读本》第一册，张鸿来、卢怀琦编，师大附中国文丛刊社1934年版。

的柔顺,她的亲切的态度,和婉的举动,给我一个很深的好感。因为这样,并且因为小胡是我的老同学,所以上他家去的时候很不少。

他们是住一家楼下的两间屋子。每天的三餐饭,当然是菊子烧,他们俩的衣裳,当然也是菊子洗。这在她们本是习惯如是,并不觉得怎样苦。可是,最困难的,是,官费并不按月发,常常一月有、一月没的,房金却得月月付,菜钱却得天天出。我们那时谁都苦得了不得。大家总以为小胡有了家眷,特别要受压迫了吧?哪里知道他除了一天吃三餐饭外,家里的事,什么也不用管,什么也不用愁。而且朋友去了,一碟点心永远是不缺的。究竟菊子是怎样刻苦,怎样搏节来的,恐怕只有她自己知道——小胡是末一个人会知道这样的事。

第二年的夏天,小胡得了时疫,一病,病了三个月。医院他当然住不起。我们那时虽然大家多少借几个钱给他请大夫,可是一切的事,自然又在菊子的肩上。除了主妇的日常家事外,她又添了看护妇的职责。可是像她那样的看护妇,那样的周到、那样的体贴,恐怕花了钱也没处请吧!除了服侍他饮食起居、按时进药外,她还告诉他一切的新闻,念小说给他听。我们在他养病的时候,常常取笑他说:"他是在享福,并不是在生病。"

而且要是我有事几天没有去,她就自己跑来请。

"李先生!有没有时候请走一趟?今天没有人来看他,闷得慌,能不能请去谈一会,让他散散心?"

因为那时天天有人去解闷,大家说着中国话,她也学到了好

些话。而且她很想学,常常问我这字在中文是什么,这句在中文怎样说。她还觉得自己太笨,常常的说:

"像我这样的一句话也不会说,回国去后怎样是了!"——她总说她"回国",从来不说"去中国"。

"有胡样当翻译,还怕什么呢?"我说。

"可是哪能处处都要他翻译呢?而且有些事你们男人也管不了,譬如早晨上菜市怎办?"她说。

"喔!到了中国,自有厨子代你去上菜市,全不用你担心了。"

"厨子!"她笑道,"我们哪有福气?就是用得起的话,也总没有自己去看的好。他怎会知道人家是怎样的口味。"

这样的话,是时时可以听见的。

去年小胡毕业了。他回去的时候,叫菊子回娘家去住几时,说他找到了安定的事,就来接她。究竟他走的时候,就不想要她了呢,还是最初诚意的想接她,可是回去之后,因为种种事实方面的压迫,使他变了心?我就无从知道了。我只知道他回去了四个月后,得到一个消息,说他在上海结婚了,而且新人是一个有名政客的妹妹。亦许他的心是那时才变的。无论如何,小胡不是轻易能让这样的机会错过去的人。

我起先还去看过菊子几次。她的娘家住的地方,我到学校去的时候要走过,所以顺便可以去看看她。自从听了小胡结婚的消息之后,我永远绕道的到学校去,从不走她的家门过了。前一星期,我在路上碰见了她的母亲,说:"许久不见了!"一定要我到她家去坐一会。我那时想走也走不掉;而且规避得太厉害，也未免使她们疑心，我便硬头皮的去了。

只不过四五个月不见，菊子的样子可苍老得多了。我们三个坐在火钵旁，喝着茶，谈着闲事情。可是谈了半天，总不谈到大家心中最关切的一件事上去，只是上不着天、下不着地的躲着这题目绕弯子。菊子说的话并不多，可是她眼睛钉着了我，好像要穿进我的心里去找一个答复似的，我浑身都不舒服，可是却装出很自然的样子来。

末了，她的母亲实在忍不住了，问我接到胡样的信没有。我回道：

"我正要向你打听他的消息咧。我一向没接到他的信。"这下一句是实话，可是小胡的消息，我那天早晨还在中国报上看到。他是做了某部的科长了。可是我又怎样的说？

"我们也得不到他的消息。听说河南在打仗，又有什么红枪会常常绑票。不要遇了什么不幸的事了罢？"菊子的母亲说。她话没说完，菊子就起身进去了。

"这倒不见得吧？中国因为到处兵灾，交通极不方便，有些地方简直邮便都不通。就是我的家信，也得两三个月才寄到。我的家乡还算不顶乱的呢。而且信件遗失，也是常有的事。"我说，除了这话，还有什么说的呢！

以后自然也没有什么话可说了。胡扯了几句之后，我就起身告辞，说了一句"我可以写信回国，打听胡样的消息"。惹得老太太再三的磕头道谢。

我出门的时候，菊子也出来跪送。我连看都不敢看她。可是最后的一瞥,瞧见了她那惨淡的面容,红红的眼圈儿,已经叫我半天不舒服。

我新近想搬家,就是为了想不再有遇见他们的可能。

这样的事,现在也何尝没有呢!不是吗?

悦读·品悟

对于小胡的"背叛",我认为有自己的因素,但这是所处时代造成的。是的,如果小胡可以坚守自己,在纷繁的诱惑面前守住自己的承诺,他也不会令人看不起,菊子也不会在等待中衰老。但是,在那个时代,这不仅是个人的悲哀,更是一个社会的正常现象。真情没有办法战胜名利,小胡的见异思迁也是社会造成的。而对于"我",面对菊子一家,因不忍据实以告而选择了逃避。对于小胡这种现象,"我"是以一种批判的心理看待的,菊子的体贴换来的却是无谓的等待。在作者的观点中,这种现象层出不穷,直到现在还可碰到,其为难中更掺杂了一些对社会的担忧。古有陈世美,今有小胡,往后呢?

——北京杨镇一中 李晋楠

(指导教师:熊君)

五

十字街头

谈十字街头*
——给一个中学生的十二封信之五
朱光潜

作者·导读

朱光潜（1897—1986），笔名孟实、盟石，安徽桐城人。美学家、文艺理论家、教育家、翻译家。毕业于香港大学。朱光潜不满北洋政府的专制教育，提出教育独立自由的口号，筹办了开明书店和《一般》杂志（后改名《中学生》）。

朋友：

岁暮天寒，得暇便围炉嘘烟遐想。今日偶然想到日本厨川白村的《出了象牙之塔》和《走向十字街头》两部书，觉得命名大可玩味。玩味之余，不觉发生一种反感。

---

* 选自《新中华教科书国语与国文》第四册，朱文叔编，新国民图书社1929年版。

所谓"走向十字街头",有两种解释。从前学士大夫好以清高名贵相尚,所以力求与世绝缘,冥心孤往。但是闭户读书的成就总难免空疏虚伪。近代哲学与文艺都逐渐趋向唯实,于是大家都极力提倡与现实生活相接触。世传苏格腊底①把哲学从天上搬到地下,这是"走向十字街头"的一种意义。

　　学术思想是天下公物,须得流布人间,以求雅俗共赏。威廉莫理司②和托尔斯泰所主张的艺术民众化,叔琴先生在《一般诞生号》中所主张的"特殊的一般化",爱笛生所谓把哲学从课室图书馆搬到茶寮客座,这是"走向十字街头"的另一意义。

　　这两种意义都含有极大的真理。可是在这"德谟克拉西"呼声极高的时代,大家总不免忘记关于十字街头的另一面真理。

　　十字街头的空气中究竟含有许多腐败剂,学术思想出了象牙之塔到了十字街头以后,一般化的结果常不免为流俗化。昨日的殉道者,今日或成为市场偶像,而真纯面目,便不免因之污损了。到市场而不成为偶像,成偶像而不至于破落,都是很难的事。老学经过流俗化以后,其结果乃为白云观以静坐骗铜子的道士。易学经过流俗化以后,其结果乃为街头摆摊卖卜的江湖客。佛学经过流俗化以后,其结果乃为祈财求子的三姑六婆和秃头肥脑的蠢和尚。这都是世人所共见周知的。不必远话,且看西方科学,哲学和文学落到时下一般打学者冒牌的人手里,弄得成何体统!

　　寂居文艺之宫,固然会像不流通的清水,终久要变成污浊恶

---

① 编者注:苏格腊底,现译作苏格拉底。
② 编者注:威廉莫理司,现译作威廉·莫里斯。

臭的。可是十字街头的叫嚣，十字街头的尘粪，十字街头的挤眉弄眼，都处处引诱你汩没自我。臣门如市，臣心就决不能如水。名利，声势，虚伪，刻薄，肤浅，欺侮，等等字样，听起来多么刺耳朵，实际上谁能摆脱得净尽？所以站在十字街头的人们——尤其是你我青年——要时时戒备十字街头的危险，要时时回首瞻顾象牙之塔。

十字街头上握有最大威权的是习俗。习俗有两种：一为传说，一为时尚。儒家的礼教，五芳斋的馄饨，是传说；新文化运动，四马路的新装，是时尚。传说尊旧，时尚趋新，新旧虽不同而盲从附和，不假思索，则根本无二致。社会是专制的，是压迫的，是不容自我伸张的。比方九十九个人守贞节，你一个人偏要不贞，你固然是伤风败俗，大逆不道。可是如果九十九个人都是娼妓，你一个人偏要守贞节，你也会成为社会公敌，被人唾弃的。因此苏格腊底所以饮鸩，格里利阿所以被教会加罪，法郎士，克罗齐和罗素所以在欧战期中被人谩骂。

本来风化习俗这件东西，孽虽造得不少，而为维持社会安宁计，却亦不能尽废。人与人相接触，问题就会发生。如果世界只有我，法律固为虚文，而道德也便无意义。人类须有法律道德维持，固足证其顽劣；然而人类既顽劣，道德法律也就不能勾销，所以老庄"上德不德，绝圣弃知"的主张，理想虽高，而究不适于顽劣的人类社会。

习俗对于维持社会安宁，自有相当价值，我们是不能够否认的。可是以维持安宁为社会唯一目的，则未免大错特错。习俗是守旧的,而社会则须时时翻新,才能增长滋大,所以习俗有时时打破的必要。人是一种贱动物,只好模仿因袭,不乐改革创造。所以维持固有的风化,用不着你费力,你让它去,世间自有一般庸人懒人去担心。可是要打破一种习俗,却不是一件易事。物理学上仿佛有一条定律说,凡物既静,不加力不动,而所加的力必比静物的惰力大,才能使它动。打破习俗,你须以一二人之力,抵抗千万人之惰力,所以非有雷霆万钧的力量不可。因此,习俗的背叛者比习俗的顺从者较为难能可贵。从历史看,社会进化,都是靠着几个站在十字街头而能向十字街头宣战的人。这般人的报酬往往不是十字架,就是断头台。可是世间只有他们才是不朽。倘若世间没有他们这些殉道者,人类早已为乌烟瘴气闷死了。

一种社会所最可怕的不是民众浮浅顽劣,因为民众通常都是浮浅顽劣的。它所最可怕的是没有在浮浅顽劣的环境中而能不浮浅不顽劣的人。比方英国民众就是很沉滞顽劣的,然而在这种沉滞顽劣的社会中,偶尔跳出一二个性坚强的人,如雪莱,卡莱尔,罗素等,其特立独行的胆与识,却非其他民族所可多得。这是英国人力量所在的地方。路易笛铿生尝批评日本,说它是一个没有柏拉图和亚理斯多德的希腊,所以不能造伟大的境界。据生物学家说,物竞天择的结果不能产生新种,要产生新种,须经突变,所谓突变,是指不相同种的新裔。社会也是如此,它能否生长滋大,就看它有无突变式的分子;换句话说,就看十字街头的矮人群中有没有几个大汉。

说到这点,我不能不替我们中国人汗颜了。处人胯下的印度还有一位泰哥尔①和一位甘地，而中国满街只是一些打冒牌的学者和打冒牌的社会运动家。强者皇然叫嚣，弱者随声附和，旧者盲从传说，新者盲从时尚，相习成风，每况愈下，而社会之浮浅顽劣虚伪酷毒，乃日益不可收拾。在这个当儿，站在十字街头的我们青年怎能免彷徨失措？朋友，昔人临歧而哭，假如你看清你面前的险境，你会心寒胆裂哟！围着你的全是浮浅顽劣虚伪酷毒，你只有两种应付方法：你只有和它冲突，要不然，就和它妥洽。在现时这种状况之下，冲突就是烦恼，妥洽就是堕落，无论走哪一条路，结果都是悲剧。

但是，朋友，你我正不必因此颓丧！假如我们的力量够，冲突结果，也许是战胜。让我们相信世间达真理之路只有自由思想，让我们时时记着十字街头浮浅虚伪的传说和时尚都是真理路上的障碍，让我们本着少年的勇气把一切市场偶像打得粉碎。

最后，打破偶像，也并非鲁莽叫嚣所可了事。鲁莽叫嚣还是十字街头的特色，是浮浅顽劣的表征。我们要能于叫嚣扰攘中，以冷静态度，灼见世弊；以深沉思考，规划方略；以坚强意志，征服障碍。总而言之，我们要自由伸张自我，不要汩没在十字街头的影响里去。

朋友，让我们一齐努力罢！

你的同志，光潜。

---

① 编者注：泰哥尔，现译作泰戈尔。

悦读·品悟

　　作者说"社会能否生长滋大就看十字街头的矮人群中有没有几个大汉",其中"矮人群"大约喻指肤浅顽劣的民众;"大汉"大约喻指个性坚强、具有特立独行的胆与识的人。其实,我们的民族从不缺乏"大汉"这样的人,鲁迅曾说:"我们自古以来,就有埋头苦干的人,有拼命硬干的人,有为民请命的人,有舍身求法的人……这就是中国的脊梁。"是的,正如作者最后指出的"以冷静态度,灼见世弊;以深沉思考,规划方略;以坚强意志,征服障碍",只有这样,才能自由伸张自我,不要泯没在十字街头。真是振聋发聩,发人深省呀。愿这样的"大汉"会越来越多,为中华民族的伟大复兴做出贡献。

——北京市朝阳外国语学校　何莹
（指导教师：王涛）

偶像破坏论

陈独秀

作者·导读

陈独秀（1879—1942），原名乾生，字仲甫，号实庵，安徽怀宁十里铺（今属安庆）人。中国共产党的创始人和早期领导人。曾留学日本。新文化运动的主要倡导者之一，五四运动的主要领导人。1915年9月15日，创办《新青年》杂志，举起民主与科学的旗帜。

"一声不作，二目无光，三餐不吃，四肢无力，五官不全，六亲无靠，七窍不通，八面威风，九[①]坐不动，十[②]是无用。"这几句形容偶像的话何等有趣！

---

* 选自《初级中学北新文选》第二册，姜亮夫、赵景深编，北新书局1933年版。
① 编者注：音同久。
② 编者注：音同实。

偶像何以应该破坏，这几句话可算说得淋漓尽致了。但是世界上受人尊重，其实是个无用的废物，又何只偶像一端！凡是无用而受人尊重的都是废物，都算是偶像，都应该破坏。

世界上真实有用的东西自然应该尊重，应该崇拜。倘若本来是件无用的东西，只因人人尊重他，崇拜他才算得有用，这般骗人的偶像倘不破坏，岂不教人永远上当么？

泥塑木雕的偶像本来是件无用的东西，只因有人尊重他，崇拜他，对他烧香磕头，说他灵验，于是乡愚无知的人，迷信这人造的偶像真有赏善罚恶之权，有时便不敢作恶；似乎这偶像却很有用。但是偶像这种用处不过是迷信的人自己骗自己，非是偶像自身真有什么能力。这种偶像倘不破坏，人间永远只有自己骗自己的迷信，没有真实合理的信仰，岂不可怜！

天地间鬼神的存在倘不能确实证明，一切宗教都是一种骗人的偶像；阿弥陀佛是骗人的，耶和华上帝也是骗人的，玉皇大帝也是骗人的；一切宗教所尊重的，崇拜的神佛仙鬼都是无用的骗人的偶像，都应该破坏。

古代草昧初开的民族迷信君主是天的儿子，是神的替身，尊重他，崇拜他，以为他的本领与众不同，他才能统一国土；其实君主也是一个偶像。他本身并没有什么神奇出众的作用，全靠众人迷信他，尊崇他，才能够号令全国，称做元首。一旦亡了国，像此时清朝皇帝溥仪，俄罗斯皇帝尼古拉斯二世比寻常人还要可怜。这等亡国的君主好像一座泥塑木雕的偶像，抛在粪缸里，看他到底有什么神奇出众的地方吧！但是这等偶像未经破坏以前，却很有些作怪。请看中外史书，这等偶像害人的事还算少么？事到如今这等不但骗人而且害人的偶像已被我们看穿，还不应该破坏么？

国家是个什么？照政治学家的解释，越解释越教人糊涂。我老实说一句，国家也是一种偶像。一个国家乃是一种或数种人民集合起来，占据一块土地，假定的名称，若除去人民，单剩一块土地，便不见国家在哪里，便不知国家是什么。可见国家也不过是一种骗人的偶像。他本身亦无什么真实能力。现在的人所以要保存这种偶像的缘故，不过是藉此对内拥护贵族财主的权利，对外侵害弱国小国的权利罢了。世界上有了什么国家，才有什么国际竞争。现在欧洲的战争杀人如麻，就是这种偶像在那里作怪。我想各国的人民若是渐渐都明白世界大同的真理和真正和平的幸福，这种偶像就自然毫无用处了。但是世界上多数的人若不明白他是一种偶像，而且不明白这种偶像的害处，那大同和平的光明恐怕不会照到我们眼里来。

世界上男子所受的一切勋位荣典，和我们中国女子的节孝牌坊也算是一种偶像。因为功业无论大小都有一个相当的纪念在人人心目中，节孝必出于施身主观的，自动的行为方有价值，若出于客观的，被动的虚荣心便和崇拜偶像一样了。虚荣心，伪道德的坏处较之不道德尤甚。这种虚伪的偶像倘不破坏，却是真功业真道德的大障碍。

破坏偶像，破坏虚伪的偶像。吾人信仰当以真实的合理的为标准，宗教上，政治上，道德上自古相传的虚荣，欺人不合理的信仰，都算是偶像，都应该破坏。此等虚伪的偶像倘不破坏，宇宙间实在的真理和吾人心坎儿里彻底的信仰永远不能合一。

悦读·品悟

　　偶像，这是一个经久不衰的话题，随着时代的发展，偶像的种类越来越多，性质也大不相同。但陈独秀生活的年代，是一个时代的转折点，是除旧迎新之际。面对着种种陈规陋习，他发出时代的强音："凡是无用而受人尊重的都是废物，都算是偶像，都应该破坏。"虽然这未免过于绝对，任何事物都具有双面性，那些现实不存在的信仰都被称作偶像，只有"有用"的才能称得上是信仰，然而我们不能全盘否定他，因为所处的社会环境不同，从某种意义上说，他是不得已而为之，社会要想进步似乎只能如此。这是革命时期的非常策略，如此方能引起大众的兴趣与思考。在当今社会，我们不会破除人们对宗教的信仰，也不能一味地反对崇拜偶像，我们该做的是"去其糟粕，取其精华"。对于生活在当下的我们来说，专注于美与爱，专注于自己的理想，是更为值得思考的。

——北京杨镇一中　刘淼

（指导教师：熊君）

差不多先生传[*]

胡适

作者·导读

胡适（1891—1962），字适之，安徽绩溪人。学者。曾担任国立北京大学校长、中央研究院院长、中华民国驻美大使等职。胡适兴趣广泛，著述丰富，在文学、哲学、史学、考据学、教育学、伦理学、红学等诸多领域都有深入的研究。1939年获得诺贝尔文学奖的提名。

你知道中国最有名的人是谁？提起此人，人人皆晓，处处闻名。他姓差，名不多，是各省各县各村人氏。你一定见过他，一定听过别人谈起他。差不多先生的名字，天天挂在大家的口头，因为他是中国全国人的代表。

---

[*] 选自《开明国文读本》第三册，王伯祥编，开明书店1933年版。

差不多先生的相貌，和你和我都差不多。他有一双眼睛，但看的不很清楚；有两只耳朵，但听的不很分明；有鼻子和嘴，但他对于气味和口味都不很讲究；他的脑子也不小，但他的记性却不很精明，他的思想也不细密。

他常常说："凡事只要差不多，就好了。何必太精明呢？"

他小的时候，他妈叫他去买红糖，他买了白糖回来。他妈骂他，他摇摇头道："红糖白糖不是差不多吗？"

他在学堂的时候，先生问他："直隶省的西边是那一省？"他说是陕西。先生说："错了。是山西，不是陕西。"他说："陕西同山西不是差不多吗？"

后来他在一个钱铺里做伙计，他也会写，也会算，只是总不会精细。十字常常写成千字，千字常常写成十字。掌柜的生气了，常常骂他。他只是笑嘻嘻地赔小心道："千字比十字只多一小撇，不是差不多吗？"

有一天，他为了一件要紧的事，要搭火车到上海去。他从从容容地走到火车站，迟了两分钟，火车已开走了。他白瞪着眼，望着远远的火车上的煤烟，摇摇头道："只好明天再走了，今天走同明天走，也还差不多。可是火车公司未免太认真了。八点三十分开，同八点三十二分开，不是差不多吗？"他一面说，一面慢慢地走回家，心里总不很明白为什么火车不肯等他两分钟。

有一天，他忽然得一急病，赶快叫家人去请东街的汪医生。那家人急急忙忙地跑去，一时寻不着东街的汪大夫，却把西街牛医王大夫请来了。差不多先生病在床上，知道寻错了人，但病急了，身上痛苦，心里焦急，等不得了，心里想道："好在王大夫同汪大夫也差不多，让他试试看罢。"于是这位牛医王大夫走近床前，用医牛的法子给差不多先生治病。不上一点钟，差不多先生就一命呜呼了。

差不多先生差不多要死的时候，一口气断断续续地说道："活人同死人也差……差……差……不多……凡事只要……差……差……不多……就……好了……何……必……太……太认真呢？"他说完了这句格言，方才绝气了。

他死后，大家都很称赞差不多先生样样事情看得破，想得通。大家都说他一生不肯认真，不肯算账，不肯计较，真是一位有德行的人。于是大家给他取个死后的法号，叫他做圆通大师。

他的名誉越传越远，越久越大。无数的人都学他的榜样。于是人人都成了一个差不多先生。——然而中国从此就成为一个懒人国了。

悦读·品悟

这篇文章描述了中国人民的代表和"榜样"差不多先生的一生。差不多先生的样子和你、我都差不多，但凡事不很精明，思想不很细密。他常把山西说成陕西，把红糖买成白糖，把十字写成千字，更有甚者，他认为今天和明天、人医和牛医也差不多，结果误了要事。这位"伟大"的差不多先生，其实就是那些不精益求精，凡事不肯认真的人。胡适曾系统地学习西方近代科学知识与方法,这使他眼光敏锐,胆大心细,具有一丝不苟的求实精神,因此他写这篇诙谐的讽刺小说,来嘲讽那些处事不认真的人,一方面针砭国人敷衍苟且的态度,一方面也可见其弘扬科学精神的用心。鲁迅也曾经说过:"中国四万万的民众害着一种毛病。病源就是那个马马虎虎,就是那随它怎么都行的不认真态度。"

——北京市朝阳外国语学校　韩启桐

（指导教师：张嫒）

阿兰的母亲[*]

杨振声

作者·导读

杨振声（1890—1956），教育家、作家、教授。曾任青岛大学校长一职。曾赴美国哥伦比亚大学留学，专攻教育学和教育心理学，获博士学位，又入哈佛大学攻读教育心理学。杨振声不仅致力于教育事业，还创作了大量联系现实斗争的文学著述。

张无遗死去的时候，他的夫人哭了个死去活来。死，她在那乍然感到生活的孤单的那一忽，本也无所顾惜的。不过赶她活过来的时候，看见她的三岁失父的幼女阿兰抱住她的脖子哭叫妈妈。见妈妈醒转了过来，她那天真的一笑，穿过泪光直射到她

---

[*] 选自《创造国文读本》第二册，徐蔚南编，世界书局1933年版。

娘的心窝里，像是一个花种，在她娘的心里渐渐的开了花，花房里充满了生气。她娘寻死的念头，就像春水的冰衣暖在母亲身上。阿兰吃好了饭，味在母亲口里。阿兰哭，哭的是母亲的眼泪；阿兰笑，笑的是母亲的开心。为了阿兰，母亲有了生活的欲望、勇气与兴趣。

阿兰离不开母亲，母亲离不开阿兰。母亲缝纫，阿兰在一旁理线。母亲捣衣，阿兰在一旁折叠。夜间母亲教教阿兰读书，虽在冬天也就不十分觉得夜长了。

阿兰初到学校去读书，母亲头几天就害愁，好像要一别几年似的。阿兰刚出了门，房子里便觉得太空阔了。一切的家具，都显得太冷静了。阿兰为学校远，定的是在校里吃饭的。但是去了不到一点钟母亲便跑到街上两次去探望，埋怨学校散学太晚了。阿兰回来的时候，母亲像找到了失掉的宝贝，迎上去抱着，口里老说"孩子瘦了"。

这样的过了几年，阿兰已经十四岁了。有一次初春的时候，阿兰从学校回来，身上有点发烧。母亲坐在半院的斜阳里拆衣服，看见阿兰的两腮红红的，过去摸摸她的头。阿兰头上的热，直烧痛了母亲的心。母亲整整有三晚没睡觉，眼包着泪，在一盏孤灯下，望着阿兰出神。想起她父亲活着的日子，想起她父亲临死的情形，想到若是阿兰有个好歹，那可不敢想了。

幸而阿兰的病好了，母亲自己才觉得有些疲倦。又留阿兰在家里保养了几日。到了那一天，就是中国改了共和政体后第十五个年头的三月十八那一天，阿兰一定要到学校去。母亲原想不让她去，后来又觉那日天气倒好，阿兰的身体早已复原了，过分耽误了学校的功课也不好，所以就由她去了。可巧那天各界为反对八国对大沽口事的最后通牒结队到执政府去请愿，阿兰也随着学校的队伍去了。在执政府的卫队屠杀民众的时候，阿兰就像一只怯弱的小绵羊，竟被屠杀了。

阿兰学校的先生马太太，当卫队开枪的时候，先把身子倒下去，所以没有死。赶到枪声止后，她从死尸堆子里爬出来的时候，看见了阿兰的尸首。她与阿兰的母亲是熟识的，况且阿兰的死，学校的先生是应当到家中去报告的，所以她就一直跑到阿兰的家里来。

阿兰的先生走进阿兰家里的时候，阿兰的母亲正在房里，低头给女儿作夹衣，一见马太太进来，就急忙放下手里的衣裳，让了坐，问马太太道："你从学校里来吗？"

"不是，"马太太刚答了这一句阿兰的母亲便接着说："怪不得你没有同阿兰一块儿回来呢。现在方三点一刻，还有一忽儿才能回来。"又指着刚放在椅子上，作了一半的一件品蓝彰缎的夹袄说："天气渐渐暖了，我这里正在替她做件夹衣裳。这是我旧时的衣服改的。这个颜色，阿兰穿了一定秀气。你晓得，蓝色，尤其是品蓝，是不容易穿的。非要脸皮白嫩些，再压不住这蓝色的清鲜的。这个长短，正够给她作个旗袍用的。再往二年，就怕嫌短了，你看那一件，"她说着又指一件石榴红湖绉的旧衣料。

"但是。"马太太插嘴说。

"但是颜色太不时行了，是不是？"阿兰的母亲抢去说，"现在人家都穿印度绸的了。我想把那个给她作里面的小衣吧。等她回来就给她试试看。"说着她看看钟："哦，快回来了。我去给她把药煨上，等她回来好吃。"说着她也不顾马太太，就跑到厨房去了。

马太太等了这一歇，想找个机会告诉她。谁想她只一心一意在女儿身上，连客都顾不得招呼。又想她的女儿已经死在那儿，她还在这里替她作衣裳一件一件的批评颜色呢！若是她知道她女儿死了，她的心里不知怎样的难过啦！想到这里，马太太真有点为难了。但是，不告诉她又不行，还是等她回来，狠狠心说了罢。不敢看她那难过的样子，哪怕说完了就跑也好。

马太太正在那儿乱想。阿兰的母亲又走进来了。马太太本来除了报死信以外没有旁的话好说。看了阿兰的母亲一回，刚要开口，阿兰的母亲先叹了口气道："咳，阿兰前几天病了，把我吓个死。阿弥陀佛，她现在好了我怕她病根不清，所以现在还要她吃药，你知道，她父亲死后，我只有她是个指望。她父亲死的时候，若没有她，我恐怕也活不到现在了！说起来不怕你笑话，她一离开我，我的心就像没有主似的，她上学回来晚一点我的心就七上八下的跳。"她又望着桌子上的钟皱眉说："时候到了，怎么还不见回来呢。"忽又转愁为笑道："想是这几天在家里没有人同她玩，闷狠了。散学后，合同学们玩玩再回来也好，我不过瞎担心就是了。"说着她又跑到书桌子前，整理一整理阿兰的书，擦一擦墨水瓶，拍拍打打坐垫子，像是知道阿兰立刻就要回来的样子。

马太太的嘴唇动了几次，都颤颤着停住了。忽然一点眼泪滚到她的眼边上，她急忙转过头去，在嗓子里说一声"再见"。一踏步就出来了。望外走着，还用手帕子擦眼泪。

悦读·品悟

我一直以为，这个世界上最悲惨的事是，在你进退维谷的时候给你绝处逢生的希望，然后你懵懵然地认为生活明媚了之后，再给予你无路可逃的致命一击。将一个人生命全部的希望，重整之后再粉碎，简直不亚于那种钻心的疼痛，就好像是让你溃烂的伤口慢慢愈合，又重重地撕开，随着时间渐渐破裂，化脓，直到无药可医。阿兰的母亲就面临着这样的绝境。她可悲地抓着最后一根救命稻草，在那条暗涌奔腾，泥沙俱下的激流中冲荡，辗转。而我们都知道，她的结局终究也是一场无可避免的悲剧，落幕在那段生命逝去的背后。罔辩是非，这故事里的惨淡，也不过是沧海一粟，人民受到的压迫，远远大过于此。国难的背后，有多少破碎的家庭在忍受着这样的疼痛！文章以小见大，让我们深入当时的时代背景，念此即彼，扼腕长叹。

——北京市朝阳外国语学校　席婧霏

（指导教师：张嫒）

最苦与最乐*

梁启超

作者·导读

梁启超（1873—1929），字卓如，号任公，广东新会人。中国近代维新派领袖。曾倡导文体改良的"诗界革命"和"小说界革命"，一位百科全书式人物。其著作合编为《饮冰室合集》。梁启超的这篇《最苦与最乐》既有儒家的进取精神，又有佛家的超凡智慧。

人生什么事最苦呢？贫吗？不是。失意吗？不是。老吗？死吗？都不是。我说人生最苦的事，莫苦于身上背著一种未来的责任。人若能知足，虽贫不苦；若能安分（不多作分外希望），虽失意不苦；老、死乃人生难免的事，达观的人看得很平

---

* 选自《初中国文》第二册，朱剑芒编，世界书局1929年版。

常，也不算什么苦。独是凡人生在世间一天，便有一天应该的事。该做的事没有做完，便像是有几千斤重担子压在肩头，再苦是没有的了。为什么呢？因为受那良心责备不过，要逃躲也没处逃躲呀！

答应人办一件事没有办，欠了人的钱没有还，受了人的恩惠没有报答，得罪了人没有赔礼，这就连这个人的面也几乎不敢见他；纵然不见他的面，睡里梦里，都像有他的影子来缠着我。为什么呢？因为觉得对不住他呀！因为自己对他的责任，还没有解除呀。不独是对于一个人如此，就是对于家庭、对于社会、对于国家，乃至对于自己，都是如此。凡属我受过他好处的人，我对于他便有了责任。凡属我应该做的事，而且力量能够做得到的，我对于这件事便有了责任。凡属我自己打主意要做一件事，便是现在的自己和将来的自己立了一种契约，便是自己对于自己加一层责任。有了这责任，那良心便时时刻刻监督在后头，一日应尽的责任没有尽，到夜里头便是过的苦痛日子；一生应尽的责任没有尽，便死也带著苦痛往坟墓里去。这种苦痛却比不得普通的贫困老死，可以达观排解得来。所以我说人生没有苦痛便罢，若有苦痛，当然没有比这个加重的了。

翻过来看，什么事最快乐呢？自然责任完了，算是人生第一件乐事。古语说得好："如释重负。"俗语亦说是："心上一块石头落了地。"人到这个时候，那种轻松愉快，直是不可以言语形容。责任越重大，负责的日子越久长，到责任完了时，海阔天空，心安理得，那快乐还要加几倍哩！大抵天下事从苦中得来的乐才算真乐。人生须知道有负责任的苦处，才能知道有尽责任的乐处。这种苦乐循环，便是这有活力的人间一种趣味。却是不尽责任，受良心责备，这些苦都是自己找来的。一翻过来，处处尽责任，便处处快乐；时时尽责任，便时时快乐。快乐之权，操之在己。孔子所以说"无入而不自得"，正是这种作用。

然则为什么孟子又说"君子有终身之忧"呢？因为越是圣贤豪杰，他负的责任越是重大；而且他常要把这种种责任来揽在身上，肩头的担子从没有放下的时节。曾子还说哩："任重而道远，死而后已，不亦远乎？"那仁人志士的忧民忧国，那诸圣诸佛的悲天悯人，虽说他是一辈子感受苦痛，也都可以。但是他日日在那里尽责任，便日日在那里得苦中真乐，所以他到底还是乐不是苦呀。

有人说："既然这苦是从负责任而生的，我若是将责任卸却，岂不是就永远没有苦了吗？"这却不然，责任是要解除了才没有，并不是卸了就没有。人生若能永远像两三岁小孩，本来没有责任，那就本来没有苦。到了长成，责任自然压在你的肩头上，如何能躲？不过有大小的分别罢了。尽得大的责任，就得大快乐；尽得小的责任，就得小快乐。你若是要躲，倒是自投苦海，永远不能解除了。

悦读·品悟

痛苦与快乐，是人们一直探讨的话题，不同的人对此有不同的见解。而梁启超的这篇《最苦与最乐》，饱含了他革新时的进取精神，又有他好似看透人世般的智慧。

他对痛苦与快乐的理解，已经完全超越了物质与肉体，而是精神上的苦与乐，尽责任为乐，不尽责任则为苦，立意之深不同凡响。文章开头便否认了贫困、失意、老、死的痛苦，再因势利导，顺势提出自己的观点"人生最大的痛苦在于负了未了的责任"，也同样反之推论得出"尽了责任便是最大的快乐"。这种思想更是使我敬佩不已。

近一个世纪过去了，梁启超当年所提倡的责任感，不但没有丝毫的减弱，反而愈演愈烈，成为了当今社会的热门话题。

而本文的语言也是颇具特色，不仅有梁启超一贯的严肃，而在讨论人生大事时，又多了一些凝重，富有哲理。作者从不能放弃责任和要努力尽责任两方面，分别论证了中心论点，使其观点更加有力。怎能不佩服作者文章之精练，语言之准确？

——北京市朝阳外国语学校　杨楚风

（指导教师：魏巍）

缺陷论[*]

李石岑

作者·导读

李石岑（1892—1934），原名邦藩，湖南醴陵人。哲学家。1915年，任商务印书馆编辑，并在上海继续主编《民铎》。1926年1月至次年夏，任商务印书馆《教育杂志》主编，文名大震。著作有《中国哲学十讲》《哲学概论》等。《缺陷论》一文言之有物、入情入理，情理之中透露着道德真谛。

世界上一切的一切都是由缺陷产生的，若是没有缺陷，不仅变成一种死的世界、单调的世界、无玩味价值的世界，并且世界早已毁灭。我们现实间所以感觉着有兴趣、有意义，完全是出于

---

[*] 选自《初中三年级国文读本》第五册，北平文化学社编，文化学社1932年版。

缺陷的恩赐。缺陷似乎不足以给我们满足,其实可以给我们满足以上的满足。龚定庵有首诗说得好:

> 未济终焉心缥渺,百事翻从缺陷好。吟到夕阳山外山,古今谁免余情绕。

缺陷之好,好在"有余不尽",好在"别有天地非人间",更好在"同工而异曲"。一个赴跳舞会的妙龄女郎,特地在她可爱的带微笑的脸上做一点黑子,名之曰美人的麕子,更显出十二分的艳丽。日本古代女子特地把门牙染成金黑色,也是出于同样的求缺陷之美的心理。往往一个女子偶然患了一种照眼或斜视的眼病,她的魔力反而加大。悲剧当中夹了一些喜剧的分子,更显得那调子强而有力。在变幻莫测的世间,这种相反相成的例子,真是数不胜数。

近百年间所产生出来的天才,大抵是带有缺陷的;至少可以分成三种:生理的、病理的和心理的。生理上的缺陷最显著的是生而聋盲,其次是颜面或头盖的左右发育不平均,或耳形不完全,或两目斜视,或门齿臼齿不整:凡此种种,皆属身体上的不具者。但既为身体上的不具者,同时即为精神上的不具者。然在此时身体上得为偏颇之发达,如盲人则听觉发达,聋人则视觉发达。于是身体上的不具者,在身体之别一方面言之,则亦为身体上的健全发育者;同时在精神之别一方面言之,则亦为精神上的健全发育者。因此言动思虑,自迥异于常人。病理上的缺陷，乃由于视神经或听神经或其他官能所受到的刺激太强烈，以致酿成一种病的现象。此种现象在文艺方面的人们中特为显著。所以有一部分学者说是介于常人与狂人之间的一种病的状态。譬如尼采莫泊桑这些人，就是这一类。他们因为所受的刺激与常人不同，所以他们的观察亦与常人迥异。心理上的缺陷虽与生理病理有关系，但它自成一种轮廓。此种缺陷的特征为情绪变动或意志薄弱：容易笑，容易哭，容易发怒，容易发欢；偶然受了环境的压迫，即流于消沉，或陷于恐怖，或走入怀疑，或倾于幻想，或流于神秘。这些不健全的征候，固然使我们感着奇特，但这种人的感觉确实比平常人锐敏，感情也比平常人真实，且能揭去因袭之网，而闯入艺术之宫，在一般蚁附蜂趋的蚩蚩之氓，又哪能领取此中妙谛？总之，无论在生理上、病理上或心理上有缺陷的人，确实比平常人另有一种独特的境界。我们中国的庄子很能见到这个道理，你看他在《人间世》篇描写"支离疏"一种独特的境界：

> 支离疏者，颐隐于脐，肩高于顶，会撮指天，五管在上，两髀为胁。挫针治繲，足以餬口；鼓筴播精，足以食十人。上征武士，则支离攘臂而游于其间；上有大役，则支离以有常疾不受功；上与病者粟，则受三钟与十束薪。夫支离其形者，犹足以养其身，终其天年，又况支离其德者乎？

庄子在《人间世》和《德充符》两篇里面所说的那些兀者

王骀、兀者申徒嘉、兀者叔山无趾、哀骀它、跂支离无脤、瓮大瘿都是生理上或病理上有缺陷的人，但他们都自有一种独特的境界。由上述各种事例，我们知道缺陷可以产生美人，缺陷可以产生天才，但缺陷最大的妙用是它能产生一切的艺术和科学。现在依次论之。

缺陷所在的处所，必定惹起多方面的注意，或厌恶，或同情，就引出了一个冲突的，活跃的，有玩味价值的世界来，这里面就有艺术。将这同情和厌恶的两面的冲突，撒上撒下，描写出来，就成戏曲，就成小说。由这冲突所发出来的悲欢，就成诗歌，就成音乐。在一个很愉快的旅行中，忽然发生一种意外的变化，或是蒙了一种意外的损失，这是何等值得回忆的旅行。在我们的人生的行路中，经过几次极沉痛悲哀的离别，受过几次极残忍刻毒的待遇，干过几回极艰难卓绝的冒险，这是何等值得玩味的人生。日人厨川白村谓艺术是苦闷的象征，其实也就是说艺术是缺陷的象征，艺术最重大的使命是表现生命，是表现有了缺陷的生命。艺术的二大作用是创作与鉴赏，前者注重解放作用，后者注重唤起作用；作用虽不同，而所以表现生命则一。就创作方面说，人类一方面要做社会的存在物，一方面又要做道德的存在物；结果，把人类压迫羁勒，致令内部生命发生缺陷，遂酿成人间苦恼。这时候只有艺术的创作可以解放内部燃烧的生命，摆脱外界一切的压迫羁勒。然则所谓创作便是解放生命，便是夺回生命，便是战。无论立在生命的阵头的喊声、或触着生命的暗礁的哭声、或唱着生命的凯歌的欢呼声，都是一种创作的艺术。

就鉴赏方面说，已经有了缺陷的生命，就要设法用象征即作品中所表现的事象的刺激力、暗示力，使他发现自己的生活内容，使他觉悟原来的生命是没有缺陷的，这就是所谓生命的共鸣共感。所以鉴赏的最大作用是一种唤起作用。总之，创作与鉴赏都是由想象上救济有了缺陷的生命，这就是所谓艺术。艺术和科学的不同点，便是一个由想象上救济缺陷，一个由事实上救济缺陷，一个用直观的方法，一个用知的方法。现在再论科学。

缺陷所在的处所，就有研究的价值，这便是科学的起源。研究缺陷的来源而思索以补救，这便是科学的效用。使缺陷的世界变成一个减少缺陷的世界，这便是科学的价值。为补救身体上之缺陷，便有各种病理学、医学、解剖学、细菌学，等等；为补救精神上之缺陷，便有各种精神分析学、变态心理学、实验心理学、犯罪心理学，等等；为补救社会上之缺陷，便有各种法律学、监狱学、警察学，等等。你看哪一种科学不是为救济缺陷而发生的？几乎可以说世间没有缺陷，一切的科学都可废灭。我们并不稀罕科学是一个不可废灭的东西；我们是因为由缺陷产生科学，可以给我们一个有奋斗价值的世界、有创造性的世界。科学可以产生文明，这是毋庸说明的。十九世纪的科学比十八世纪以前发达，所以发明品也特别增加。据瓦勒士的报告，它们的成绩是十三与五之比。在十九世纪的主要发明品为铁道、汽船、电信、电话、摩擦火柴、瓦斯灯、照相机、蓄音机、X光线、分光器、麻醉剂、防腐剂等；而在十八世纪以前不过为望远镜、印刷机、罗盘针、阿剌比亚数字、Alphabet数字五种而已，就另把蒸汽机和寒暑表加上，也不过七种。这是科学产生文明的显例。但文明可以产生缺陷。无论是哪一国，只要文明进步，那连带发生的缺陷也跟着进步。卡朋特说得好："现代文明是多数人种所不能不通过的一种疾病，恰如小孩子不能不通过麻疹和百日咳。"我们要知道：一切身体上和精神上的缺陷，几乎大部分是由文明产生的。最显著的是神经过敏、情绪反常、犯罪和自杀；尤其特别的是种种的险状病症，更其是梅毒，所以有"文明者梅毒也"之谚。这是文明产生缺陷的显例。总合上面所谈各节，科学、文明、缺陷三者恰成一循环：

$$科学 \swarrow \quad \nwarrow$$
$$文明 \longrightarrow 缺陷$$

科学可以产生文明，文明可以产生缺陷，缺陷可以产生科学。如果缩短些说：缺陷是科学的种子，科学是缺陷的化身。即此，我们可以知道科学的来源，即此，我们更可以知道缺陷的价值。

以上不过任举几种，说明那些事实都是由缺陷产生的，其实可说明的事实无限；可知缺陷实在是找到圆满的一个起点。我们不要预存一个厌恶缺陷的心理，以为圆满是可以欣羡的，是不会有恶的结果。要知道就是结果上说，从圆满所生的恶结果比从缺陷所生的恶结果更坏。世间只有由缺陷找到的圆满，才可欣羡，才有价值。若是想由圆满里去找圆满，那就不仅要遭遇一种可恐怖的失败，并且要贻留一种最沉痛的忏悔。

悦读·品悟

我们常常抱怨生活的不完美，希望能拥有姣好的容貌，优越的生活。本文却给了我以一当头棒喝，原来"我们现实间所以感觉着有兴趣、有意义，完全是出于缺陷的恩赐"。原来天才往往带有缺陷，而对缺陷的升华便有了艺术之花灿烂绽放；对缺陷来源的研究与补救，则酝酿了科学的效用。

一个从想象上，一个从事实上；一个直观，一个抽象——缺陷，居然成了艺术与科学共同的诞生源头，因为有缺陷，才有了世界的千姿百态风情万种。

作者以理性清晰的分析思路，引领我们走入了科学、文明、缺陷三者循环往复生生不息的转化连环中——"科学可以产生文明，文明可以产生缺陷，缺陷可以产生科学"。读罢全文，掩卷沉思，我细细品味出：缺陷实在是找到圆满的一个起点。那么生活中，你还会再去抱怨种种不如意吗？善待缺陷，因为"世间只有由缺陷找到的圆满，才可欣羡，才有价值"。

——北京杨镇一中　彭程

（指导教师：曾绣青）

立秋之夜*

郁达夫

作者·导读

郁达夫（1896—1945），名文，浙江富阳人。作家、诗人。1921年，他的处女作《沉沦》问世，这是他早期的代表作，由于"惊人的取材和大胆的描写"震动了当时的文坛。郁达夫的小说和散文创作均不拘一格，《立秋之夜》可以看出其小说创作的精练，意味深远。

黝黑的天空里，明星如棋子似的散布在那里。比较狂猛的大风，在高处呜呜的响。马路上行人不多，但也不断。汽车过处，或天风落下来，阿斯法儿脱的路上，时时转起一阵黄沙。是穿着单衣觉得不热的时候。马路两旁永夜不息的电灯，比前半夜减

---

* 选自《初级中学国文教科书》第一册，孙怒潮编，中华书局1934年版。

了光辉，各家店门已关上了。

两人尽默默的在马路上走，后面一个穿着一套半旧的夏布洋服，前面的穿着不流行的白纺绸长衫。他们两个原是朋友。穿洋服的是在访一个同乡的归途，穿长衫的是从一个将赴美国的同志那里回来。二人系在马路上偶然遇着的。二人都是失业者。

"你上哪里去？"

走了一段，穿洋服的问穿长衫的说。

穿长衫的没有回话，默默的走了一段，头也不朝转来，反问穿洋服的说：

"你上哪里去？"

穿洋服的也不回答，默默的尽沿了电车线路在那里走。二人正走到一处电车停留处，后面一乘回车库去的末次电车来了。穿长衫的立下来停了一停，等后面的穿洋服的。穿洋服的慢慢走到穿长衫的身边的时候，停下的电车又开出去了。

"你为什么不乘了这电车回去？"

穿长衫的问穿洋服的说。穿洋服的不答，却脚也不停慢慢的向前走了，穿长衫的就在后面跟着。

二人走到一处三岔路口了。穿洋服的立下来停了一停。穿长衫的走近了穿洋服的身边，脚也不停下来，仍复慢慢的前进。穿洋服的一边跟着，一边问说：

"你为什么不进这岔路回去？"

二人默默的前去，他们的影子渐渐儿离三岔路口远了下去，小了下去。过了一忽，他们的影子，就完全被夜气吞没了。三岔路口，落了天风，转起了一阵黄沙。比较狂猛的风，呜呜的在高处响着。一乘汽车来了，三岔路口又转起了一阵黄沙。这是立秋的晚上。

悦读·品悟

失业的两位朋友，徘徊在立秋的街头，偶然相遇，却默默无语。他们都没有了去处，"穿洋服的是在访一个同乡的归途，穿长衫的是从一个将赴美国的同志那里回来"，一个欲从同乡那里得到去处，一个欲到美国寻求去处。"你上哪里去？"不是简单地问去哪个具体的地方，也有人生方向的追问。失业的是社会的精英，一个不需要精英的社会是多么可怕，多么寂寞呀。"到哪里去？"其实作者也难以回答，因为这是社会的真实，时代的尴尬，当时中国的现状。最终，作者只能给出所有人无奈的归处："过了一忽，他们的影子就完全被夜气吞没了。三岔路口，落了天风，转起了一阵黄沙，比较狂猛的风，呜呜的在高处响着。"无解，也许就是最佳答案。

——北京市朝阳外国语学校　董杰睿

（指导教师：张媛）

六

风雨如磐

二渔夫＊

[法]莫泊桑著　胡适译

作者·导读

居伊·德·莫泊桑（1850—1893），与契诃夫、欧·亨利并称为"世界三大短篇小说家"，是法国文学史上短篇小说创作数量最大、成就最高的作家。1880年完成《羊脂球》，轰动了法国文坛。《二渔夫》一文把普法战争中法国兵败以后的种种状态表现得淋漓尽致。胡适（1891—1962），字适之，安徽绩溪人。学者。

巴黎围城中①，早已绝粮了。连林中的飞鸟，沟里的老鼠，也渐渐的稀少了。城中的人，到了这步田地，只好有什么便吃什么。还有些人，竟什么都没的吃哩。

＊　选自《新亚教本初中国文》第三册，陈椿年编，新亚书店1933年版。
①　编者注：此指普法之战，巴黎被围之时。

正月间（一八七一年），有一天天气很好，街上来了一人，叫做麻利沙。这人平日以造钟表为业，如今兵乱时代，生意也没有了，这一天走出来散步，两手放在裤袋里，肚子里空空的，正走得没趣的时候，忽然抬头，遇着一个钓鱼的老朋友，名叫苏活的。

当没有开战之先，麻利沙每到礼拜日早晨，便去钓鱼。手里拿着鱼竿，背上带着一只白铁小匣子，乘火车到阁龙，慢慢的走到马浪岛。到了那里，便坐下钓鱼。有时一直钓到天黑，绕回巴黎去。他来的时候，每回在这里遇着这位又矮又胖，在诺丹街上开一个小店的苏活先生。这两个人都是两个"钓鱼迷"。常常同坐在一块地方，手里拿着钓竿，两脚挂在水上。不多几时，两人竟成了最相好的朋友了。

有时他们俩儿来到这里，终日都不说话；有时两人坐下细谈。但是他们俩儿同心同调，不用开口，也能相知了。

有时春天到了，早上十点钟的时候，日光照在水上面，发生一种薄雾。日光照在两人背上，又暖又温和。麻利沙往往回过头来对苏活说，"这里真好呵。"苏活回答道，"再好也没有了。"这寥寥几句话，尽够了，不用多说了。

这一天，这两个钓鱼朋友在路上相遇，握着手不肯放，觉得在这个时候相遇，情形大变了，心中怪难受的。

苏活叹一口气，低低说道，"这种日子很难过呵！"麻利沙摇摇头说，"可不是么，更加上这种怪闷人的天气！今天是今年第一个晴天呢。"

这一天的天气却真好，天上一片云也没有，万里青天，真正可爱。这两个朋友一头走，一头想。忽然麻利沙说道，"如今鱼是钓不成了。我们从前那种快乐也没有了。"苏活说，"只不知道几时我们方可再去钓鱼呢。"

说到这里，两人走进一家小酒店，喝了一盅烧酒解闷。喝了出来，还同着散步。

忽然麻利沙停住脚，问他的朋友道，"我们再喝些烧酒罢？"苏活说，"随你的意。"于是两人找了一家酒店再喝了些烧酒。

喝了出门，两人的脚步便有些不稳了。原来他俩儿肚子都是空空的，酒入饿肚，更易发作。到了外面，被冷风一吹，醉的更厉害了。走了一会，苏活忽然停住脚，问他朋友道，"我们再去，你说好么？"麻利沙问道，"哪里去？"苏活说"钓鱼去"。问道，"哪里去钓呢？"苏活道，"到我们的老地方去。法国的守兵屯在阁龙的附近。带兵的杜木能中尉是我的熟人。他定许我们出去的。"麻利沙听了大喜，说道，"妙极了，我一定来的。"

两人约好了，各回家去，取了鱼竿钓丝，不到一点钟，他俩儿同行出城。不多一会，到了杜中尉驻兵所在。中尉听了两人的要求，笑着允许了。两人得了出入的暗号，辞了中尉，再向前行。

不多时，他两人离法国守兵的汛地已远了。他们穿过阁龙，走近瑟恩河边许多葡萄园子的外边，那时已是十一点钟了。前面便是阿阳泰村，望去好像久没有生气了。再前面，便是矮曼岗和散鸢岗两座高岗,下望全境,底下一片平原,全都空无一物,但只见铅色的泥土和精秃的樱桃树罢了。

苏活手指高岗说道,"那上面便是普鲁士兵了。"两人对着这种荒废的乡村,心中颇不好过。他们虽不曾见过普鲁士的兵,但这几个月以来,巴黎的人心中谁没有个普鲁士兵到处杀戮抢掠的影子呢?这两个朋友走到这里,心里颇觉又恨又害怕这般不曾见过的普国兵,麻利沙开口道,"我们倘碰着些普鲁士兵,如何是好?"苏活笑答道,"我们送他们几条鱼就是了。"嘴里虽如此说,他俩儿却到底不敢冒险前去,因为这里四面寂静,无一毫声响,很可使人疑惧。后来还是苏活说道,"来罢,我们既到这里,总须上去,不过大家小心就是了。"

两人躲在葡萄园里,弯着腰,在葡萄藤下低着行去。过了葡萄园,还须过一片空地,方到河岸。两人飞跑过了这块空地,到了岸边,见芦柴很长,便躲在里面。麻利沙把耳朵伏在地上,细听左近有无脚步声响。听了一会,听不出什么,料想这里是没人的了。两人把心放下,便动手钓鱼。

前面便是马浪岛把他们遮住,使对岸的人看不见他们的所在,岛上一个饭店,门也闭着,很像几年没人来过的样子。

苏活先钓得鱼,麻利沙随后也钓着了。两个钓鱼朋友,接着钓上了许多鱼,高兴得了不得。他们带了一副密网,把钓着的鱼都装在网里。他两人许久不到这里了。如今重享此乐,好不快活。那太阳的光线,正照在两人背脊上。两人都出了神,只顾钓鱼,别的什么事都不管了。

忽然轰的一声，地震山摇，原来敌军又开炮了。麻利沙回头一看，望见左边岸上一阵白烟，从袜勒宁山上冲出来。一霎时，第二阵又响了。过了几秒钟，又是一炮。从此以后，那山上接连发炮，炮烟慢慢的飞入空中，浮在山顶上，像云一般。

苏活把两肩一耸，对他朋友说，"他们又动手了。"麻利沙气愤愤的答道，"人杀人杀到这样，岂不是疯子么！"苏活道，"这些人真是禽兽不如了。"麻利沙刚钓上一条小鱼，一面取鱼，一面说道，"一天有政府，一天终有这些事，想起来真可恨。"苏活道，"要是民主政府，决不致向普国宣战了。"麻利沙接着说道，"君主的政府便有国外的战争。民主的政府便有国内的战争。终免不掉的。"（译者按：此时在美国南北战争之后五年。此语盖指此也。）两人越说越有味了，遂细细的议论起政府来了。谈了一会，两人都承认人生无论如何终不能自由。那时袜勒宁山上的大炮不住的响，也不知扫荡了多少法国的房屋，也不知打死了多少的生命，也不知打破了多少人的希望梦想，也不知毁坏了多少人的快乐幸福，也不知打碎了多少爷娘妻女的心肝。

苏活叹口气道，"人生不过如此。"

麻利沙答道，"不如说死也不过如此。"

两人话尚未了，忽听得背后有脚步声响，急忙回看，只见身后来了四个高大有胡子的兵，衣服都像巴黎的马夫一般，头上各戴平顶小帽，四个人把四杆枪对住了这两个渔人。两人吓了一跳，手里一松，两条鱼竿都掉下水去了。不到几秒钟，两个人都被捆起，装上一只小船，载过河送到马浪岛上。

岛上那间饭店，初看似久没人到的，其实里面藏着二十多个普鲁士兵。有一个满脸胡子的大汉子坐在一张椅上，嘴里衔一条长柄的烟袋，说着很好的法国话，对他们俩儿道，"你两位今天钓鱼的运气不坏么？"那时一个兵便把他两人所钓的一网鱼放在那兵官的脚下。那兵官看了微笑道，"倒也不坏。但是我们且谈别的事。你二人莫要害怕，且听我说。依我看来，你二人是两个奸细，派来打听我的行动消息的。如今被我捉到，不用说得，该用枪打死。你们假装钓鱼，想蒙哄我。好刁滑！如今撞到我手里，莫想逃生。这是战时的常事，免不得的。"

那兵官说到这里，忽然换了口锋，说道，"但是你们既经过守兵的汛地来到这里，一定有一句暗号，方可回得城去。你们把那句暗号告诉了我罢，我便放你们回去。"

这两个钓鱼朋友面如土色，站在一块，不做一声。那兵官接着说道，"你们告诉了我，谁也不会知道。你们平平安安回家去，谁疑心你们泄漏了消息呢？你要是不肯说时，我立刻枪毙你，你们自己打算罢？"

两个渔人也不动手，也不开口。

那兵官把手指着河水说道，"你们想想看，五分钟之内，我要把你们葬到河底下去了。五分钟！我想你们总有些亲人罢？"

那时袜勒宁山上的大炮正响得利害，两个渔人站在那里，总不开口。

那兵官回过头来，用德国话，发一个号令，他自己把椅子一拉,退后了几步,当时走上了十二个兵,拿着枪,离两个囚犯二十步,站住。

那兵官喝道,"我限你们一分钟,决不宽限。"说了,他自己站起来,走到两个渔人身旁,把麻利沙拉到一旁,低声说道,"你告诉我那暗号罢。你的朋友不会知道的。你说了,我假装怪你不肯说。"

麻利沙只不开口。

那兵官又把苏活拉到一旁,同样的劝他。

苏活也不开口。

两个人又送回原处,那兵官下一号令,那十二个兵举起枪来。

麻利沙的眼睛忽然看见地上那一网的鱼,在日光里面,那些鱼个个都像银做的。麻利沙心里一软,眼泪盛满眶子,他勉强开口道,"苏活哥,再会了!"苏活也答道,"麻利沙哥,再会了。"

两人握握手,浑身索索的抖个不住。那兵官喝道,"开枪!"

十二枪齐放。

苏活立刻向前倒下死了,麻利沙身体稍高,斜倒下来,横压在他朋友的身上,面孔朝天,胸口的血直流出来。

那普鲁士兵官又下号令,教那些兵到外面搬些大石块进来,捆在两个死朋友的身上,捆好了,抬去河边。

那时袜勒宁山上的大炮,还正在轰轰的响。

两个兵抬着一个死尸,用力一丢,抛在水中。两个死尸各打一个回旋,滚到河底去了。河水被死尸打起些白浪,不到多时,也平静了。但只见几带鲜血，翻到水面上来，更只见风送微波，时打河岸。

那普鲁士兵官始终不动声色，见事完了，笑着说道，"如今该轮到那些鱼了。"说着，走进屋去，看见那一大网的鲜鱼，他提起网来，仔细看了一会，高声叫道，"维亨。"一个穿白围裙的兵应声走上来，那兵官把那两个死朋友的鱼交给他，说道，"维亨，趁这些鱼没有死，赶快拿去，替我煎好。这碟鱼滋味定不坏的。"

说了，他还去吹他的烟袋。

悦读·品悟

这是1871年发生的事情，是在流年中尘封的一段往事，而那份真情，却永远鲜活如初。麻利沙和苏活只是巴黎城中的小人物，平淡地过着自己的生活，钓鱼、和朋友聊天，甚至普法开战至巴黎被围仍没有见过普鲁士兵。然而，尽管是小人物也受到了影响，他们再也不能找回以前的悠闲，当这个小小的愿望有实现的曙光的时候，他们竟开心得不顾一切，他们只是太怀念那段美好的时光。面对突然的变故，"位卑未敢忘忧国"，麻利沙终究还是选择缄口不言，而老朋友虽曾有徘徊，但他尊重朋友的决定。在生活中我们各有各的分工和角色，我们必须恪尽职守，各司其职。但是，是我们一个个微尘一样的存在构成了这个庞大的社会，我们都有一个共同角色——社会公民，我们有责任保护她,使她免遭伤害。他们无疑是值得赞美的,他们用自己的生命捍卫了国家,他们在沉默的那一刻得到了灵魂的升华。这平凡存在但在危难关头挺身而出的人们,如星星之火,照亮并温暖了战乱中惶恐的人们,为国家和社会带来了希望。

——北京杨镇一中　杨萌

（指导教师：熊君）

他来了么[*]

[保]跋佐夫著　沈雁冰译

作者·导读

跋佐夫，亦称伐佐夫（1850—1921），保加利亚作家。青年时代积极参加民族解放运动。他的《帕纳久里什特起义者》一诗成了1876年反抗土耳其起义的进行曲。长篇小说《轭下》在世界文坛引起震动。《他来了么》中，他用相对诗化的语言表现了人物的心理与情感，细腻感人。茅盾（1896—1981），原名沈德鸿，字雁冰，浙江嘉兴桐乡人。作家、文学评论家、社会活动家。

这一天的浓雾是凡忒伦交秋以来不常见的！天融化为冷的水汽把村里的矮屋全都罩没了。泥泞的街道里满是喧嚣和纷扰。

---

[*] 选自《新学制国语教科书》第五册，顾颉刚、叶绍钧编，胡适、王岫庐、朱经农校订，商务印书馆1924年版。

疲马拖着的轿车，装着军火的牛车，牲畜，御者——全都挤在一处，把介在那两家酒店中间的街道封锁得密密的没有一些空儿。而那些新召集的后备兵夹在这乱堆里快跑，也有穿军衣的也有穿羊皮马甲的，但他们大都戴着被毡做的帽子。许多排的枪弹从他们的肩头挂到腰间闪闪地发光；他们的来复枪口装饰着细木条，他们的背包挑在枪刺上。

被浓雾浸着的、疲劳而且泥汗的他们一遍一遍地唱那……"快乐的配乞甘尼"，这是他们的称号。

酒店的门前有一群吃惊的农夫和旅客，瞪着眼，看这一批拖泥带水的英雄。在那大酒店的前面攒聚着一大堆的妇女和小孩子，皮肤都冻得红红的。他们聚在这里，又是来送凡忒伦的兵开到所非（保加利亚的京城）去抵御塞尔维亚人。

"喂，支凡柯呵！那边是乔治夫的儿子呢！"

"你看，那个是蓝格尔啊！"

"唉，伊凡，你的母亲在这里！"

许多花球儿急掷到这些走过的兵士们手里，伴着泪珠和半呜咽的几声珍重。

"妈妈，这就是哥哥了！"一个白面红唇的女孩高声地喊。

"司托音哥哥呵！"一个八岁大的男孩子也喊了。他站在女郎旁边伸手指着那些兵。

"宋南呵！宋南呵！"那母亲哽咽地叫着。

一个健壮的黑眼睛的少年从进行的队伍里跳出来了。他抓住母亲的手吻了一下，亲了妹妹和弟弟的前额，从近旁一个女郎的手里接过两枝花球来,一枝向怀中藏,一枝捎在左耳朵上,——便又风快般跑开追上他的同伴,唱着歌向前去了。

"再见我的儿呵,"那母亲喊叫。

"司托音,"那女郎喊着几乎不成声了。

他们的呼声被周围的纷扰声盖住。司托音早混在大队中看不见,而那大队也消失在灰尘的云里了。司托音的母亲站着直望大军去的方向,他的妹妹将衣角蒙住了脸儿。

那含泪的母亲回到家里了。她开了旧木箱,从一堆汗衫和单衣底下取出一枝蜡烛来,她点着这枝烛,供在圣像前。她跪在像前许久许久。

那晚上她得了一个梦。

她看见一片极大的云,有一支兵马正在进这云里去,而这一支兵里就有她的司托音。忽然云里放出雷声来了,天吼了,地震动了。司托音陷入云阵中,不见了。母亲采娜从梦里惊醒来,房里黑而阴惨,房外有北风的哀鸣声。那就是战杀的声音呵!"我的上帝保佑他哟!圣母呵,保佑我的司托音哟!"

她再也睡不着了,然而天还没有亮呢。

第二天清早,她找到彼得老爹问道:"彼得老爹,做梦看见云头,主什么?"

"采娜呀,云有两种,一是变成雨的,一是消散了的。你梦见的是哪一种?"

她把梦里见的事都告诉他。老彼得沉吟了半响。他明明记得,他的详梦书里没有这样的云,但是他看见采娜满脸惊惶,两眼死钉住他,所以他柔声答道:"不用着急,采娜。这是个好梦。这片云主你将接到司托音的来信。"那老妇人立刻喜气满面了。

六天后她接到一封信,是押送塞尔维亚俘虏来的一个兵士带来的。这封信正是司托音写的。她急急赶到牧师家里请他念给她听。

那信上写的是:

> 母亲:我写这封信,报告我平安无事,并且我们已经打败塞尔维亚人了。光荣呀,保加利亚万岁呀!我身体很好,蓝格尔也好,迪谋得叔父也很好,他亦有信给他母亲了。我把我的腰带忘记在支凡坦诺尾的家里了,恐怕被那些孩子们弄坏,请你替我去拿回来罢。明天我们要在特拉古麦夹道邀击那些塞尔维亚人,将来我回家时可以送一件尼西的土物给克娜。寄上利弗(敝名)一个,备你的零用。告诉拉度尔旭,我回家后,教他吹哨成放枪声的法子。祝你安好。
>
> 你的恭顺的儿子司托音
>
> 代我向彼得老爹请安。我要送他一支塞尔维亚的来复枪,可是没有便人带给他。塞尔维亚枪火力极足,放的远,可是瞄头不准。母亲,再替我向司托扬卡问好。

采娜快活到说不出话来,她带了那封信跑到司托扬卡家里。但最快活的却是听得他哥哥预先允许教他吹哨方法的拉度尔旭。

当采娜急急地从街上奔回家时,她看见一队新来的俘虏,有一个保加利亚兵在后押送。她乍见时以为这个兵就是她的儿子司托音。然而不对。她正想走过去问这个兵可曾带了她儿子的什么消息来,但是那些塞尔维亚俘虏引动了她的注意,她看见塞尔维亚人,这是第一次呢。

她低声儿对自己说道:"呵上帝,这些就是塞尔维亚人么!怎的,他们看来像是些良善的人呀……他们的不幸的母亲们……请等一等孩子们。"

她跑进家里,随又出来,手里拿着一瓶威斯忌酒,押送俘虏的兵士和善地微笑,唤他们立定。

"妈妈,谢谢你,"困顿的俘虏们说,烈性的酒使他们暖和一些了。

"而且也还剩一点给我呢,好运气,老妈妈呀!"那个保加利亚兵喜的大叫,当他喝了瓶里最后的一滴。

"都是上帝的信徒呀!那么他们为什么要厮打呢?"老妈妈采娜目送这一队人再走他们的路程,心里这么想。

休战条约签字了。

耶稣圣诞节近在眼前,出征的兵士都准备回家来度这些休假日。已有一批回到凡忒伦了。但司托音不在他们中间,并且没有消息讲到他的近状。焦虑和不乐充满着母亲采娜的心。她守在门口,眼看着长的白画一个一个滚过去。为什么没有人来叩门呢?蓝格尔早已回来了,迪诺夫的儿子彼得也已回来了,司他麦托夫家的两个孩子也都在家里了,但是他们都不知道司托音的踪迹。他们曾经见过他一面，可是以后就不知道他的去向了。采娜心里闷闷的，觉得不妙。她在家里做她的工作，呆呆地提不起兴致。

"母亲，提梅特表哥来了。"克娜在门首唤她母亲。母亲出去和他道喜。

"欢迎你回家来了，提梅特，你知道司托音在哪里么？"

然而提梅特也一无所知。

"恐怕是派他到尾亭去了罢，"提梅特宽慰似的猜度着，因为他见老采娜忧得什么似的。"恐怕他是打从别条路回来了。"

"唉，上帝，我可怜的孩子落荒在哪里了呵！"母亲叹口气说。

她从自己家里出来，走到司托扬卡那里，她的心不住地跳。她料来司托扬卡一定会告诉她，说已经得了司托音的消息，说他正在路上要赶到家过圣诞节。但是司托扬卡竟默默地没有话，并且她的两眼都已红肿了。

第一联队凯旋了。村里人全都兴奋起来，街道中央，正对老采娜的家，人们竖起了两根木柱，相对地立着，一条微弯作弓形的木板，横架在两柱顶尖，把两柱联结牢。人们从山上采了许多松枝，捆在那两根柱上；而在那横木板上，他们钉着一块特地到柏柴迪克去买来的横匾，大书着："欢迎勇敢的英雄们。"于是又装上许多三色的国旗。这就居然像一座凯旋门。

得胜回来的军队就从这门下长驱而过了。

"也许他还要过几天才得回来罢；恐怕他是扣定日子要在圣

诞节前夜到家罢。他为什么肯在异乡过这大节呢,还有兵士来呢;还不曾到尽头呢。他知道家里有多少人忍着心痛等他咧。"

第二天清早采娜到教堂里去。她把司托音寄给她的那个利弗兑成零钱,买了些蜡烛,在每个神像前点一支。她回家时脸上带着喜气了。

"明天方是圣诞节前夜呢……还有一天的时光哩,"她自己安慰地说,"圣母,带他来使我快活呀。"

克娜跑进来报告,又有一个邻人回来了。

"你总是把别人的消息来报告我,"采娜厉色地责备她,"去迎接你自己的哥哥,照别人的样子。"

"我亦要去呢,"拉度尔旭喊着。于是这两个孩子直奔铺满了雪的街上去,并且沿着大路走到山脚下。

采娜站在门口等候。

一阵冰风吹过山腰,使得山上山下白成了一片。黑的鹰和老鸦掠地而飞,或停在光秃秃的树枝顶上。到伊乞底麦斯的大路的两旁,攒聚着一堆一堆的男人女人和小孩子,都等着欢迎回来的兵士们。因为直到此时陆续还有兵士回来,单身的或是结伴的,走个不住。克娜和拉度尔旭挨上前去,赶过他们的头。他们俩要想比众人先看见司托音,先向他欢迎,虽然雪风吹得他们的眼盲,他若来时他们准能立刻认识他。

他们俩走到山顶,那里的风大得可怕。两个浑身是雪的兵士,远远地闪出在山坳边了,却不是他。

克娜问道:"还有兵上这条路来么?"

"我们不知道；你等候谁呢？"

"等候哥哥，"拉度尔旭回答。

那两个过客自去了。

克娜定着眼睛向兵士们来的方向看住，天气冷，他们俩都发抖；但是他们的哥哥正要来呢，他们一定要在这里等着。因为如果不等，母亲就会骂他们，而且如果不等着哥哥同回去，母亲就要哭了。

几小时的时间过去了。这两个孩子站在那里，定定的一动也不动，风更加劲了，雪遮满他们，但是他们不肯移动一步。忽然克娜心跳起来了，一队马兵在山坳里看见了。他们有这样多。她的哥哥一定也在内了。她屏着气等他们。马队渐渐近来，喧嚣地爬上山来，很快地走过去了。克娜叫着押队的两个骑马的兵官，抖着声音问道：

"老总，哥哥就在来么？"

那两个兵官勒住了马诧异地看着她。

"谁是你的哥哥？"他们中间有一个问。

"司托音，哥哥司托音，"拉度尔旭不耐烦地喊着。他听这两个打扮齐整的兵官说不认识司托音，觉得出奇，而且觉得是受辱了。

"哪个司托音？"兵官又说一遍。

"凡忒伦的司托音，"克娜急接口说。

兵官和他的同伴交换了几句话，问道："你的哥哥是骑兵么？"

"他——他——"可怜的女孩子不知道怎样回答。

"他不是和我们在一处的,我的孩子。"

"你不如回村里去,在这里,你要冻死了,"别一个兵官加进来说。

于是他们催马赶上那大队去了。

克娜眼眶里涨满了泪珠,拉度尔旭也是如此,他们开始哭了。他们的手和脚早已麻木,他们的嘴唇冻得发青了。此时这条大路上,直到村口为止,已经没有一个人影儿。先前那些来欢迎回家兵士的人们早已回去,因为风势实在太凶。只有刚过去的兵士们的歌声,还时时有一二句吹到这两个孩子的耳边。克娜和拉度尔旭于是慢慢地下山要回村去。

天是黑下来了。克娜和拉度尔旭在路边走,不说一句话,想着他们的母亲这时还在门口等候罢。

三匹马拖着的一辆马车隆隆地从后面赶上来。

"还有兵来么?"

但马车在面前掠过,而且在黑暗中不见了。

只是风雪的阵头愈来愈密愈大,似乎是回答克娜和拉度尔旭的问话,这风雪的阵头是从西方来的,从那战场来的,在那里,在毕洛特附近葡萄园里,司托音的坟上,雪已经积成了堆了。

悦读·品悟

战争,无论对于哪个国家的人来说,都是残忍的。在战争的面前,一个人的生命、一个家族的幸福,显得那么的微小与无力。当我们看到历史书上那一个个冰冷的数字时,也许并没有太多的感受,只是当作一个知识点去识记。但是,这篇文章却用一个家族的等待,用母亲的期盼,将我们的记忆盘活,呈现出令人心惊的一幕。儿子始终没有回来,那封战场的来信最终只能成为临终的遗言,这是怎样的伤痛与不幸!而战争带给人们的,又何止是这一个家庭的痛苦!当战士们凯旋而归时,当人们欢呼胜利时,我们更要看到战争,是不可能有真正完全的胜利的,它是以战士的鲜血换来的。如此看来,当下的和平,又显得多么的珍贵!

——北京杨镇一中　杨芳

(指导教师:熊君)

五月卅一日急雨中[*]

叶圣陶

作者·导读

叶圣陶（1894—1988），原名叶绍钧，字秉臣，江苏苏州人。作家、教育家、文学出版家和社会活动家，有"优秀的语言艺术家"之称。曾任小学、中学及大学教师、教授，与友人发起组织文学研究会，后历任商务印书馆、开明书店、《小说月报》《中学生》和《文学旬刊》编辑。

从车上跨下，急雨如恶魔的乱箭，立刻湿了我的长衫。满腔的愤怒，头颅似乎戴着紧紧的铁箍。我走，我奋疾地走。路人少极了，店铺里仿佛也很少见人影。哪里去了！哪里去了！怕听昨天那样的排枪声，怕吃昨天那样的急射弹，所以如小鼠

---

[*] 选自《复兴初级中学教科书国文》第二册，王云五编，商务印书馆1934年版。

如蜗牛般蜷伏在家里，躲藏在柜台底下么？这有什么用！你蜷伏，你躲藏，枪声会来找你的耳朵，子弹会来找你的肉体：你看有什么用？

猛兽似的张着巨眼的汽车冲驰而过，水泥溅污我的衣服，也溅及我的项颈。我满腔的愤怒。

一口气赶到"老闸捕房"门前，我想参拜我们的伙伴的血迹，我想用舌头舔尽所有的血迹，咽入肚里。但是，没有了，一点儿也没有了！已经给仇人的水龙头冲得光光，已经给腐了心的人们践得光光，更给恶魔的乱箭似的急雨洗得光光！

不要紧，我想血总是曾经淌在这地方的，总有渗入这块土的吧。那就行了，这块土是血的土，血是我们的伙伴的血，还不够是一课严重的功课么？血灌溉着，血温润着，行将见血的花开在这里，血的果结在这里。

我注视这块土，全神地注视着，其余什么都不见了，仿佛已把整个儿躯体融化在里头。

抬起眼睛，那边站着两个巡捕：手枪在他们的腰间；泛红的脸肉，深深的纹刻在嘴围，黄的睫毛下闪着绿光，似乎在那里狞笑。

手枪，是你么？似乎在那里狞笑的，是你么？

是的，是的，就是我，你便怎样！——我仿佛看见无量数的手枪在点头，仿佛听见无量数的狞笑的开口。

我舔着嘴唇咽下去，把看见的听见的一齐咽下去，如同咽一块糙石，一块热铁。我满腔的愤怒。

雨越来越急，风吹着把我的身体卷住，全身湿透了，伞全然不中用。我回身走才来的路，路上有人了。三四个，六七个，显然可见是青布大褂的队伍，虽然中间也有穿洋服的，也有穿各色衫子的断发的女子——他们有的张着伞，大部分却直任狂雨乱淋。

我开始惊异于他们的脸。从来没有看见过，这么严肃的脸，有如昆仑的耸峙；这么郁怒的脸，有如雷电之将作。青年的柔秀的颜色退隐了，换上了壮士的北地人的苍劲。他们的眼睛冒得出焚烧掉一切的火，抿紧的嘴唇里藏着咬得死生物的牙齿，鼻头不怕闻血腥与死人的尸臭，耳朵不怕听大炮与猛兽的咆哮，而皮肤简直是百炼的铁甲。

佩弦的诗道，"笑将不复在我们唇上！"用以歌咏这许多的脸，正是合适。他们不复笑，永远不复笑！他们有的是严肃与郁怒，永远是严肃与郁怒。

似乎店铺里人脸多起来了，从家里才跑来呢，从柜台底下才探出来呢，我没有工夫想。这些人脸而且露出在店门首了，他们惊讶地望着路上那些严肃的郁怒的脸。

青布大褂的队伍纷纷投入各家店铺，我也跟着一队跨进一家，记得是布匹庄。我听见他们开口了，差不多掏出整个的心，涌起满腔的血，这样真挚地热烈地讲说着。他们讲及民族的命运，他们讲及群众的力量，他们讲及反抗的必要；他们不惮郑重叮咛的是"咱们是一伙儿"！我感动，我心酸，酸得痛快。

店伙的脸比较地严肃了，没有话说，暗暗点头。

我跨出布匹庄。"中国人不会齐心呀！如果齐心，吓，怕什么！"这句带有尖刺的话传来，我回头去看。

是一个三十左右的男子，粗布的短衫露着胸，苍黯的肤色标记他是在露天出卖劳力的，眼睛里放射出英雄的光。

不错呀，我想，露胸的朋友，你喊出这样简要精练的话来，你伟大！你刚强！你是具有解放的优先权者！我虔敬地向他点头。

但是，恍惚有蓝袍玄褂小髭须的影子在我眼前晃过，玩世地微笑，又仿佛鼻子里发出轻轻的一声"嗤"。接着又晃过一个袖手的，漂亮的嘴脸，漂亮的衣着，在那里低吟，依稀是"可怜无补费精神"！袖手的幻灭了，抖抖地，显现出一个瘠瘦的中年人，如鼠的觳觫的眼睛，如兔的颤动的嘴，含在喉际，欲吐又不敢吐的是一声"怕"！

我倒霉，我如受奇辱，看见这样等等的魔影！我愤怒地张大眼睛，什么魔影都没有了，只见满街恶魔的乱箭似的急雨。

微笑的魔影，漂亮的魔影，惶恐的魔影，我诅咒你们：你们灭绝！你们消亡！你们是拦路的荆棘！你们是伙伴的牵累！你们灭绝，你们消亡，永远不存一丝儿痕迹，永远不存一丝儿痕迹于这块土地上！

有淌在路上的血，有严肃的郁怒的脸，有露胸朋友那样的意思："咱们一伙儿。"有救，一定有救——岂但有救而已。

我满腔的愤怒，再有露胸朋友那样的话在路上吧？我向前走去。

依然是满街恶魔的乱箭似的急雨。

一九二五年五月三十一日作

悦读·品悟

雨给我的回忆往往是这样的：蒙蒙细雨，顽童们只是心中一阵嘟囔，然后全然不顾地出门嬉戏；阵雨过后，是坐着苦等后紧急出动叫嚷着去捉嫩蜻蜓；暴雨前夕，豆大的雨滴连缀滚落，才能轰散那一群巷口玩闹怎么都叫不回家吃饭的小孩子们。雨给我的印象是童年那份独有的点缀，而叶老却呈现出另外一番急雨印象：射击而下的雨像乱箭，刺痛、刺伤着那无处躲藏甚至不屑逃窜的路人。路上拥挤着刚死掉的刚正魂魄、游离着绿眼狰狞的"刽子手"。本是死寂弥漫血腥的路上，却听得到激越的脚步、激进鲜活的脉搏。这首铿锵的礼赞是叶老永不磨灭的赤忠，是他俯身曲背的折服。这样的歇斯底里让世人更深地品触到了周树人那治愈人心的一针强剂，感受到了朱佩弦荷塘月色前那段沉浮的心路，折射出民主战士的赤胆忠心。由"秉臣"到"绍钧"再到"圣陶"，"忠"是他毕生坚持的准则，但他也不会被"愚忠"所羁绊。他是文化界的领军人，他也是民族命运的中流砥柱，他更是民族精神的脊梁骨。

——北京杨镇一中　赵旭

（指导教师：熊君）

街血洗去后[*]

郑振铎

作者·导读

郑振铎（1898—1958），福建长乐人。作家、学者、文学评论家、翻译家。1919年参加"五四"运动，同时与沈雁冰等人发起成立文学研究会，曾任商务印书馆编辑，《小说月报》主编，燕京大学、清华大学教授。本文不仅是一篇新闻纪实性散文，更是一篇包含了作者炽热情感和强烈谴责的艺术性文章。

什么事也没有如"五卅"大残杀事件发生得出我意外，使我惊怖的了！

那日的下午五时，我坐车至大庆里，到一家书铺里去看看有

---

[*] 选自《初中国文》第四册，朱剑芒编，世界书局1929年版。

什么"线装书"好买。车子刚到浙江路南京路口,便觉得道路上的情形与往日不同。电车是照样的开行着,汽车、人力车也川流似的驶走着;两旁商店照样的开着门欢迎顾客。行人道上拥挤着人群,与往日一切相同。然而总觉得有一种绝不相同的气象在。人人都停立在那里,好像被什么大惊骇吓得痴呆了。由眼睛中显得出有的人是带着大恐怖的情绪,有的人是带着疑问而不意的惊恐。我呢,自然也是疑问而惊恐着。

车子走在南京路,看见两旁站着许多气概凛然态度凶横的英捕,与不穿制服而带着枪械的英人,有的横立在路中,好像有什么严重的警备。是火灾,是什么大盗警罢,我这样的想着。市政厅与云南路一带,戒备得尤严。情形更不对了,有好几家店铺是闭上了铁门,驻足而观的人更多。

车子停在大庆里口。平素深夜绝不关闭的里门,现在也闭上一扇。我问车夫:"什么事发生了?"他说:"打杀人,打杀人!"我也不能细问,便下车进了里门,到那一家熟悉的书铺里去。我见他们的店伙,都拥在靠近西藏路的里门口看什么东西。我也挤出去一看,什么也没有,只是街上的人绝多,多带着惊恐未定或疑问而惊奇的神色。我明白必有什么空前的大事发生。奔进书铺,去问铺主——我的一个朋友。"什么事?什么事?"我问他。他道:"学生闹事,不得了!不得了!巡捕开排枪,打杀了几十个学生。"这如一个震天动地的大霹雳,使我惊吓得好一会儿不能开口。我如在梦中,这也许是在做梦罢!南京路,开排枪,杀死学生,这几件事怎么会联结在一处的?我绝不相信,绝不相信。我的朋友接说道："早晨,有许多学生被捕入巡捕房了。下午一时许,他们在先施公司之前,集合大队讲演,白旗满街飘扬着,车马都不能通行,巡捕捉去了好些学生,路人与其余的学生,都跟了被捕的学生走,有好几万人,好几万人,拥挤在老闸捕房之前,于是巡捕开枪了!"我于是才知道这居然是真实的人事变,不是梦,绝不是梦,我全身似为愤怒的火所烧灼着。我叫道："就是学生讲演,也不至于被杀死呀!南京路,南京路,怎样会放起排枪来!"也顾不得我的朋友,只当他是捕头,在严厉的质问着。"我们且出去看看罢。"

于是我们走在街上,由西藏路口,走到永安公司,一切情形如我在车上所见的。有一家店铺,正在打扫破玻璃。"这定是被流弹打碎的,"我想着。街道上是依然的灰色,并不见有什么血迹。——血一大堆的,一大堆的,都被冲洗去了。——要不是群众如此的惊骇而拥挤着,我几乎不能相信一点三十分钟之前,在这里正演着一出大残杀的活剧!再走下去,行人渐少,看不出什么紧张的空气,只有几个人靠在店柜上惊奇的唱语着。

夜,我又与一位前辈同到南京路去。灯火闪耀的明亮着,语声、笑声、笙歌声,依然的。店门大张着,顾客陆续进出,依然的。要不是老闸捕房门口戒备森严,要不是巡捕骑在马上,手执着鞭,跑上行人道,在驱打人,我绝不相信下午是有空前大残杀事件发生,转了一弯,看见宁波同乡会前拥挤着许多人。我们一惊,以为又出了什么大事。怀着戒备心走近一看,原来是南方大学平民学校在那里开游艺会!

悦读·品悟

关于五卅运动，从前只是在历史书上读到过短短几行的介绍，很理性，似乎总感觉少了点儿感情。

当读到郑振铎先生的这篇短文时，我震惊了：刹那间，几十个如花生命丧生在帝国主义暴行下，而那无声控诉的鲜血却被冲刷得一干二净！即使没有亲眼目睹，先生也是"全身似为愤怒的火所烧灼着"。怒的是外国巡捕的肆无忌惮，是帝国主义手段的惨绝人寰，但更痛心的是国人的麻木不仁。比起铁蹄践踏，那懦弱的颤抖，自欺欺人的纸醉金迷笙歌笑语，更似一把利刃，深插于内心的良知。好在最后的结尾处给人以安慰，至少，还是有不畏不惧的中国人在毅然前行着！

正处青春的我，读罢心头似万千钢针猛扎，哀学生之不幸，怒国人之不争！却也庆幸国难当头之时，总也有千万志士挺身而出，以己之身撑起民族脊梁，面容不再慌乱、麻木，而是视死如归的坚定，一身的英雄气概！百年沧桑，东方巨龙已然腾飞！先生地下有知，当可安心矣！

——北京杨镇一中　佟谣

（指导教师：曾绣青）

执政府大屠杀记*

朱自清

作者·导读

朱自清（1898—1948），原名自华，字佩弦，号秋实，原籍浙江绍兴。散文家、诗人、古典文学研究家。他是"五四"爱国运动的参加者，受五四浪潮的影响走上文学道路。

三月十八是一个怎样可怕的日子，我们永远不应忘记这个日子！

这一日，执政府的卫队，大举屠杀北京市民——十分之九是学生！死者四十余人，伤者约二百人！这在北京是第一回大屠杀；在民国史上，只有从前赵尔丰的屠杀和去年五卅的屠杀，沙

---

* 选自《初中当代国文》第二册，施蛰存编，中学生书局1934年版。

基的屠杀，可以与之相比。而赵尔丰的事，尤与这一回相合，因为都是"同胞的枪弹"，更令人切齿呀！赵尔丰的屠杀引起了辛亥的革命，这一回段祺瑞的屠杀将引起什么呢？这要看我们的努力如何。总之，只有两条路：一条是让他接下去二次三次的屠杀，一条便是革命，没有平稳的中道可行！况且我们得知道，段祺瑞更与赵尔丰不同；赵尔丰只是屠杀以快己意，段祺瑞却是屠杀同胞以取媚于他的主子日本人的！我们更应早自为计；我们即使甘心被段祺瑞二次三次的屠杀，我们也决不甘心拿我们活鲜鲜的生命，换取日本人的满心高兴呀！

这一次的屠杀，我也在场，幸而直到出场时不曾遭着一颗子弹；请我的远方的朋友们安心！第二天看报，觉得除一两家报纸外，各报记载多有与事实不符之处。究竟是访闻失实，还是安着别的心眼儿，我可不得而知，也不愿细论。我只说我当场眼见和后来耳闻的情形，请大家看看这阴惨惨的二十世纪二十六年三月十八日的中国！——十九日"京报"所载几位当场逃出的人的报告，颇是翔实，可以参看。

我先说游行队。我自天安门出发后，曾将游行队从头至尾看了一回。全数约二千人；工人有两队，至多五十人，广东外交代表团一队，约十余人；国民党北京特别市党部一队，约二三十人；留日归国学生团一队，约二十人，其余便多是北京的学生了，内有女学生三队。拿木棍的并不多，而且都是学生，不过十余人；工人拿木棍的，我不曾见。木棍约三尺长，一端削尖了，上贴书有口号的纸，做成旗帜的样子。至于"有铁钉的木棍"我却不曾见！

我后来和清华学校的队伍同行，在大队的最后。我们到执政府前空场时，大队已散开在满场了。这时府门前站着约莫两百个卫队，分两边排着；领章一律是红地，上面"府卫"两个黄铜字，确是执政府的卫队。他们都背着枪，悠然地站着：毫无紧张的颜色。而且枪上不曾上刺刀，更不显出什么威武。这时有一个人爬在石狮子头上照相，那边府里正面楼上，阑干上伏满了人，而且拥挤着，大约是看热闹的。在这一点上，执政府颇像寻常的人家，而不像堂堂的"执政府"了。照相的下了石狮子，南边有了报告的声音："他们说是一个人没有，我们怎么样？"这大约已是五代表被拒以后了；我们因走进来晚，故未知前事——但在这时以前，群众的嚷声是绝没有的。到这时才有一两处的嚷声了："回去是不行的！""吉兆胡同！""……！"忽然队势散动了，许多人纷纷往外退走；有人连声大呼："大家不要走，没有什么事！"一面还扬起了手，我们清华队的指挥也扬起手叫道："清华的同学不要走，没事！"这其间，人众稍稍聚拢，但立刻即又散开；清华的指挥第二次叫声刚完，我看见众人纷纷逃避时，一个卫队已装完子弹了！我赶忙向前跑了几步，向一堆人旁边睡下；但没等我睡下，我的上面和后面各来了一个人，紧紧地挨着我。我不能动了，只好蜷曲着。

这时已听到劈劈拍拍的枪声；我生平是第一次听枪声，起初还以为是空枪呢（这时已忘记了看见装子弹的事）。但一两分钟后，有鲜红的热血从上面滴到我的手背上，马褂上了，我立刻明白屠杀已在进行！这时并不害怕，只静静地注意自己的命运，其余什么都忘记。全场除劈拍的枪声外，也是一片大静默，绝无一些人声；什么"哭声振天"，只是记者先生们的"想当然耳"罢了。我上面流血的那一位，虽滴滴地流着血，直到第一次枪声稍歇，我们爬起来逃走的时候，但也不则一声。这正是死的袭来，沉默便是死的消息。事后想起，实在有些竦然。在我上面的不知是谁？我因为不能动转，不能看见他；而且也想不到看他——我真是个自私的人！后来逃跑的时候，才又知道掉在地下的我的帽子和我的头上，也滴了许多血，全是他的！他足流了两分钟以上的血，都流在我身上；我想他总吃了大亏，愿神保佑他平安！第一次枪声约经过五分钟，共放了好几排枪；司令的是用警笛；警笛一鸣，便是一排枪，警笛一声接着一声，枪声就跟着密了，那警笛声甚是凄厉，但有几乎一定的节拍，足见司令者的从容！后来听别的目睹者说，司令者那时还用指挥刀指示方向，总是向人多的地方射击！又有目睹者说，那时执政府楼上还有人手舞足蹈地大乐呢！

我现在缓叙第一次枪声稍歇后的故事，且追述些开枪时的情形。我们进场距开枪时，至多四分钟；这其间有照相，有报告，有一两处的嚷声，我都已说过了。我记得，我确实记得，最后的嚷声距开枪只有一分余钟；这时候，群众散而稍聚，稍聚而复纷散，枪声便开始了。这也是我说过的。但"稍聚"的时候，阵势已散，而且大家存了观望的心，颇多趑趄不前的，所谓"进攻"的事是决没有的！至于第一次纷散之故，我想是大家看见卫队从背上取下枪来装子弹而惊骇了;因为第二次纷散时,我已看见一个卫队(其余自然也是如此,他们是依命令动作的)装完子弹了。在第一次纷散之前,群众与卫队有何冲突,我没有看见,不得而知。但后来据一个受伤的说,他看见有一部分人——有些是拿木棍的——想要冲进府去。这事我想来也是有的;不过这决不是卫队开枪的缘由,至多只是他们的借口。他们的荷枪挟弹与不上刺刀(故示镇静)与放群众自由入辕门内(便于射击),都足表示他们"聚而歼旃"的决心,冲进去,不冲进去是没有多大关系的。证以后来东门口的拦门射击,更是显明!原来先逃出的人,出东门时,以为总可得着生路;哪知迎头还有一支兵,——据某一种报上说,是从吉兆胡同来的手枪队,不用说,自然也是杀人不眨眼的府卫队了!——开枪痛击。那时前后都有枪弹,人多门狭,前面的枪又极近,死亡枕藉!这是事后一个学生告诉我的;他说他前后两个人都死了,他躲闪了一下,总算幸免。这种间不容发的死生之际也够人长思了。

照这种种情形,就是不在场的诸君,大约也不至于相信群众先以手枪轰击卫队了吧。而且轰击必有声音,我站的地方,离开卫队不过二十余步,在第二次纷散之前,却绝未听到枪声。其实这只要看政府巧电的含糊其辞,也就够证明了。至于所谓当场夺获的手枪,虽然像煞有介事地举出号数,使人相信,但我总奇怪:夺获的这些支手枪,竟没有一支曾经当场发过一响,以证明他们自己的存在。——难道拿手枪的人都是些傻子么?还有,现在很有人从容地问:"开枪之前,有警告么?"我现在只能说,我看见的一个卫队,他的枪口正对着我们的,不过那是刚装完了子弹的时候。而在我上面的那位可怜的朋友,他流血是在开枪之后约一两分钟时。我不知卫队的第一排枪是不是朝天放的,但即使是朝天放的,也不算是警告;因为未开枪时,群众已经纷散,放一排朝天枪(假定如此)后,第一次听枪声的群众,当然是不会回来的了(这不是一个人胆力的事,我们也无须假充硬汉),何用接二连三地放平枪呢!即使怕一排枪不够驱散众人,尽放朝天枪好了,何用放平枪呢!所以即使卫队曾放了一排朝天枪,也决不足做他们丝毫的辩解;况且还有后来的拦门痛击呢,这难道还要问:"有无超过必要程度?"

　　第一次枪声稍歇后,我茫然地随着众人奔逃出去。我刚发脚的时候,便看见旁边有两个同伴已经躺下了!我来不及看清他们的面貌,又见前面一个,右乳部有一大块殷红的伤痕,我想他是不能活了!那红色我永远不忘记!同时还听见一声低缓的呻吟,想是另一位的,那呻吟我也永远不忘记!我不忍从他们身上跨过去,只得绕了道弯着腰向前跑,觉得通身懈弛得很;后面来了一个人,立刻将我撞了一跤。我爬了两步,站起来仍是弯着腰跑。这时当路有一副金丝圆眼镜,好好地直放着;又有两架自行车,颇挡我们的路,大家都很艰难地从上面踏过去。我不自主地跟着众人向北躲入马号里。我们偃卧在东墙角的马粪堆上。马粪堆很高,有人想爬墙过去;墙外就是通路。我看着一个人站着,一个人正向他肩上爬上去。我自己觉得决没有越墙的气力,便也不去看他们。而且里面枪声早又密了,我还得注意运命的转变。这时听见墙边有人问："是学生不是？"下文不知如何，我猜是墙外的兵问的。那两个爬墙的人，我看见，似乎不是学生，我想他们或者得了兵的允许而下去了。若我猜的不大错，从这一句简单的问语里，我们可以看出卫队乃至政府对于学生海样深的仇恨！而且可以看出，这一次的屠杀确是有意这样"整顿学风"的！我后来知道，这时有几个清华学生和我同在马粪堆上。有一个告诉我，他旁边有一位女学生曾喊他救命，但是他没有法子，这真是可遗憾的事，她以后不知如何了！我们偃卧马粪堆上，不过两分钟，忽然看见对面马厩里有一个兵拿着枪，正好装子弹，似乎就要向我们放。我们立刻起来，仍弯着腰逃走；这时场里还有疏散的枪声，我们也顾不得了。走出马号，就到了东门口。

这时枪声未歇，东门口拥塞得几乎水泄不通。我隐约看见底下蜷缩地蹲着许多人，我们便推推搡搡，拥挤着，挣扎着，从他们身上踏上去。那时理性真失了作用，竟恬然不以为怪似的。我被挤得往后仰了几回，终于只好竭全身之力，向前而进。在我前面的一个人，脑后大约被枪弹擦伤，汨汨地流着血；他也同样地一歪一倒地挣扎着。但他一会儿便不见了，我想他是平安地下去了。我还在人堆上走。这个门是平安与危险的界线，是生死之门，故大家都不敢放松一步。这时希望充满在我心里；后面稀疏的弹子，倒觉不十分在意。前一次的奔逃，但求不即死而已，这回却求生了；在人堆上的众人，都积极地显出生之努力。但仍是一味的静，大家在这千钧一发的关头，哪有闲心情和闲工夫来说话呢？我努力的结果，终于从人堆上滚了下来，我的运命这才算定了局。那时门口只剩两个卫队，在那儿闲谈，侥幸得很，手枪队已不见了！后来知道门口人堆里实在有些是死尸，就是被手枪队当门打死的！现在想着死尸上越过的事，真是不寒而栗啊！

我真不中用，出了门口，一面走，一面只是喘息！后面有两个女学生，有一个我真佩服她；她还能微笑着对她的同伴说："他们也是中国人哪！"这令我惭愧了！我想人处这种境地，若能从怕的心情转为兴奋的心情，才真是能救人的人。若只一味的怕，"斯亦不足畏也已！"我呢，这回是由怕而归于木木然，实是很可耻的！但我希望我的经验能使我的胆力逐渐增大！这回在场中有两件事很值得纪念：一是清华同学韦杰三君（他现已离开我们了！）受伤倒地的时候，别的两位同学冒着弹将他抬了出来；一是一位女学生曾经帮助两个男学生脱险。这都是我后来知道的。这都是侠义的行为，值得我们永远敬佩的！

我和那两个女学生出门沿着墙望南而行。那时还有枪声，我极想躲入胡同里，以免危险；她们大约也如此的，走不上几步，便到了一个胡同口；我们便想拐弯进去。这时墙角上立着一个穿短衣的看闲的人，他向我们轻轻地说："别进这个胡同！"我们莫名其妙地依从了他，走到第二个胡同进去；这才真脱险了！后来知道卫队有抢劫的事（不仅报载，有人亲见），又有用枪柄，木棍，大刀，打人，砍人的事，我想他们一定就在我们没走进的那条胡同里做那些事！感谢那位看闲的人！卫队既在场内和门外放枪，还觉杀的不痛快，更拦着路邀击；其泄忿之道，真是无所不用其极了！区区一条生命，在他们眼里，正和一根草，一堆马粪一般，是满不在乎的！所以有些人虽幸免于枪弹，仍是被木棍，枪柄打伤，大刀砍伤；而魏士毅女士竟死于木棍之下，这真是永久的战栗啊！据燕大的人说，魏女士是于逃出门时被一个卫兵从后面用有楞的粗木棍儿兜头一下，打得脑浆迸裂而死！我不知道她出的是哪一个门，我想大约是西门吧。因为那天我在西直门的电车上，遇见一个高工的学生；他告诉我，他从西门出来，共经过三道门（就是海军部的西辕门和陆军部的东西辕门），每道门皆有卫队用枪柄，木棍和大刀向逃出的人猛烈地打击。他的左臂被打好几次，已不能动弹了。我的一位同事的儿子，后脑被打平了，现在已全然失了记忆；我猜也是木棍打的。受这种打击而致重伤或死的，报纸上自然有记载；致轻伤的就无可稽考，但必不少。所以我想这次受伤的还不止二百人！卫队不但打人，行劫，最可怕的是剥死人的衣服，无论男女，往往剥到只剩一条裤为止；这只要看看前几天《世界日报》的照相就知道了。就是不谈什么"人道"，难道连国家的体统，"临时执政"的面子都不顾了么？段祺瑞你自己想想吧！听说事后执政府乘人不知，已将死尸掩埋了些，以图遮掩耳目。这是我的一个朋友从执政府里听来的；若是的确，那一定将那打得最血肉模糊的先掩埋了，免得激动人心。但一手岂能尽掩天下耳目呢？我不知道现在，那天去执政府的人还有失踪的没有？若有，这个消息真是很可怕的！

这回的屠杀，死伤之多，过于五三事件，而且是"同胞的枪弹"，我们将何以间执别人之口！而且在首都的堂堂执政府之前，光天化日之下，屠杀之不足，继之以抢劫，剥尸，这种种兽行，段祺瑞等固可行之而不恤，但我们国民有此无脸的政府，又何以自容于世界！——这正是世界的耻辱呀！我们也想想吧！此事发生后，警察总监李鸣钟匆匆来到执政府，说："死了这么多人，叫我怎么办？"他这是局外的说话，只觉得无善法以调停两间而已。我们现在局中，不能如他的从容，我们也得问一问："死了这么多人，我们该怎么办？"

屠杀后五日写完。

悦读·品悟

那是一个怎样的黑暗日子？鲁迅先生曾在《纪念刘和珍君》一文中，因段祺瑞执政府的凶残暴戾深感愤怒。而这一次，朱自清先生以低缓沉痛的语气向我们讲述了三月十八那一天的亲身经历。那滥杀无辜学生一片紧张寂然的"生死场"，鲜血淋漓，令人发指，八十年后的今天，读到本文时，我似乎依然可以看到当时卫队向着手无寸铁的学生疯狂扫射的残暴无情，抑制不住愤懑与悲痛，先生哀伤的控诉充斥着我的整个内心。

愈加触动我心弦的，是那几抹带着鲜血的侠义亮光，有人冒着子弹抬走受伤的同学，有人不顾自身帮助同学脱险，有女生微笑着鼓励同伴"他们也是中国人哪"。一如先生所言，这些值得我们永远敬佩!

逝者如斯,铭记历史,让这般死亡围剿只存留在历史的伤痛中,让反动的残烬永不复燃,永远铭记那些为着这个民族的自由和解放而献身的高贵灵魂!

——北京杨镇一中　王家琪

(指导教师:曾绣青)

图书在版编目（CIP）数据

民国经典国文课. 时代卷. 自由信念 / 管贤强，郑国民主编. —北京：商务印书馆，2016（2016.12 重印）
ISBN 978-7-100-12061-6

Ⅰ. ①民… Ⅱ. ①管…②郑… Ⅲ. ①中学语文课—教材—中国—民国 Ⅳ. ①G634.301

中国版本图书馆 CIP 数据核字（2016）第 047218 号

所有权利保留。
未经许可，不得以任何方式使用。

本书所涉部分作品版权由中国文字著作权协会代理，电话：010-65978905，电子邮件：wenzhuxie@126.com。

民国经典国文课
时代卷：自由信念
管贤强 郑国民 主编

商 务 印 书 馆 出 版
（北京王府井大街 36 号 邮政编码 100710）
商 务 印 书 馆 发 行
北京新华印刷有限公司印刷
ISBN 978-7-100-12061-6

2016 年 4 月第 1 版　　　　开本 880×1230　1/32
2016 年 12 月北京第 2 次印刷　　印张 10
定价：28.00 元